Die Grenzkommission beider deutscher Staaten

Dr. Klaus Emmerich

Die Grenzkommission beider deutscher Staaten

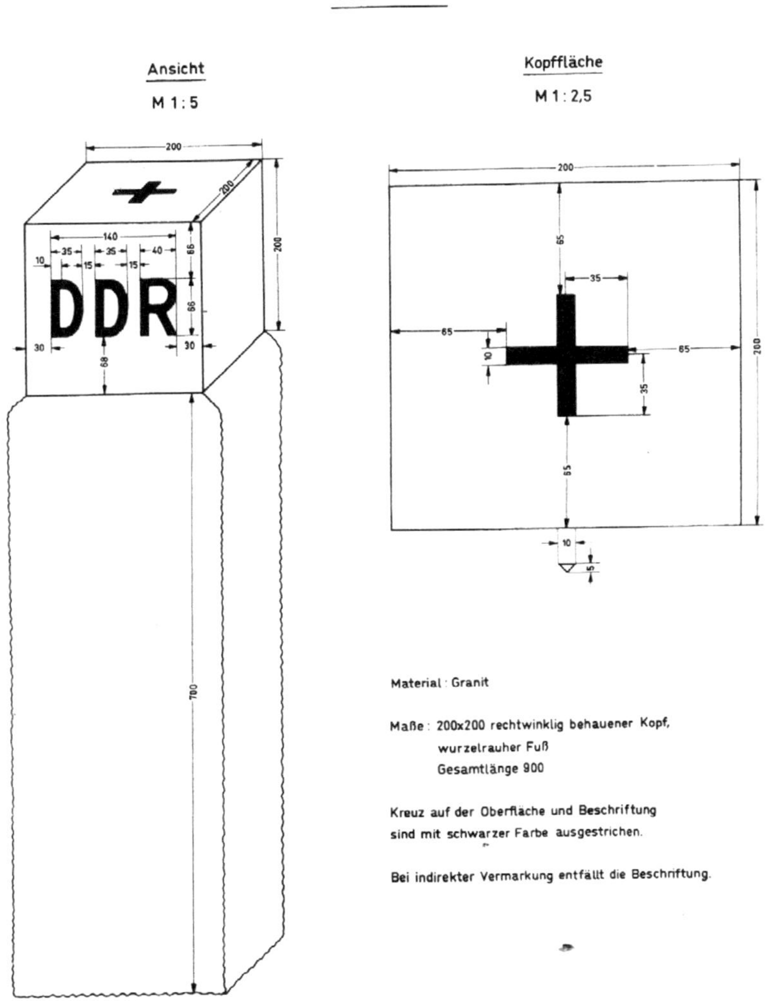

Aufgaben, Tätigkeit und Dokumente

Bibliografische Information der Deutschen Nationalbibliothek:
Die Deutsche Nationalbibliothek verzeichnet diese Publikation in der Deutschen Nationalbibliografie; detaillierte bibliografische Daten sind im Internet über dnb.d-nb.de abrufbar.

Herstellung und Verlag: Books on Demand GmbH, Norderstedt
ISBN 978-3-7357-1232-5

Inhalt

Verzeichnis der Anlagen

(Zahlen am Ende ( ) - Seitenzahlen)

Einleitende Bemerkung

Der „ Vertrag über die Grundlagen der Beziehungen zwischen der Deutschen Demokratischen Republik und der Bundesrepublik Deutschland"[1] vom 21. Dezember 1972, auch als Berliner Vertrag, Grundlagenvertrag oder Grundvertrag bezeichnet (im folgenden GLV), formulierte im Artikel 3 bezugnehmend auf die UNO-Charta, dass beide deutsche Staaten *„ihre Streitfragen ausschließlich mit friedlichen Mitteln lösen und sich der Drohung mit Gewalt von Gewalt enthalten.*

Zum Bild: Bewußte Irreführung?
Die Staatsgrenze BRD/DDR existierte bis zum 3. Oktober 1990 0.00 Uhr.

Sie bekräftigen die Unverletzlichkeit der zwischen ihnen bestehenden Grenze jetzt und in der Zukunft und verpflichten

[1] Voller Wortlaut in Anlage 1.

sich zur uneingeschränkten Achtung ihrer territorialen Integrität.
Mit der Formel der Unverletzlichkeit der Staatsgrenzen und dem völkerrechtlichen Grundsatz der uneingeschränkten Achtung der territorialen Integrität wurde eindeutig dokumentiert, dass es sich bei der Grenze *zwischen*[2] beiden deutschen Staaten um eine Staatgrenze handelte, die auch damals kaum als „innerdeutsch“ zu bezeichnen war.
Geschieht das trotzdem, wie in der bundesdeutschen Gegenwart Praxis, so liegt hier entweder Unkenntnis über die Bedeutung einer Staatsgrenze oder politische und rechtliche Böswilligkeit, Entstellung oder Verdrehung von Fakten vor. Diese Böswilligkeit gipfelt konsequenter Weise darin, dass die Staatlichkeit oder Rechtssubjektivität, Träger von Rechten und Pflichten, nicht nur der DDR, sondern faktisch auch der BRD geleugnet wird, da *jede* Staatsgrenze grundsätzlich zwischen Staaten verläuft.
Jeder Versuch, der DDR ihre Staatlichkeit in Frage zu stellen ist spätestens mit dem GLV gescheitert. Siehe hierzu auch die Feststellung des Bundesverfassungsgerichts (im folgenden BVerfG) zum GLV *„die DDR ist im Sinne des Völkerrechts ein Staat und als solcher Völkerrechtssubjekt. Diese Feststellung ist unabhängig von einer völkerrechtlichen Anerkennung der DDR durch die BRD.“* Nicht unerwähnt darf bleiben, dass bereits im Verkehrsvertrag[3] (Präambel) von „grenzüberschreitenden Personen-und Güterverkehrs *in und durch ihre Hoheitsgebiete“* die Rede war.

Im „Zusatzprotokoll“ zu Artikel 3 des GLV heißt es:
„Die Deutsche Demokratische Republik und die Bundesrepublik Deutschland kommen überein, eine Kommission aus

[2] Jede Staatsgrenze verläuft grundsätzlich *zwischen* den Nachbarstaaten. Ausnahmen bildet die See- bzw. Territorialgewässergrenze wenn sie das Staatsgebiet zum Offenen Meer abgrenzt und dem Luftraum als „Deckel“ gegenüber dem Weltraum. Im „Grenzgesetz“ der DDR vom 25. März 1982 heißt es in der Präambel u.a. In Wahrnehmung ihrer souveränen Rechte gestaltet die DDR ihre Beziehungen in Grenzangelegenheiten mit den Nachbarstaaten Bundesrepublik Deutschland, der Volksrepublik Polen und der Tschechoslowakischen Sozialistischen Republik.
[3] Vertrag zwischen der Deutschen Demokratischen Republik und der Bundesrepublik Deutschland über Fragen des Verkehrs vom 26. Mai 1972, GBl. Teil I, 1972, Nr. 1, Seiten 258 bis 263.

Beauftragten der Regierungen beider Staaten zu bilden. Sie wird die Markierung der zwischen den beiden Staaten bestehenden Grenze überprüfen, und soweit erforderlich, erneuern oder ergänzen sowie die erforderlichen Dokumentationen über den Grenzverlauf erarbeiten. Gleichermaßen wird sie zur Regelung sonstiger mit dem Grenzverlauf im Zusammenhang bestehender Probleme, zum Beispiel der Wasserwirtschaft, der Energieversorgung und der Schadensbekämpfung, beitragen.
Die Kommission nimmt nach Unterzeichnung des Vertrages ihre Arbeit auf."[4]

Auch in diesem Zusatzprotokoll zu Artikel 3 des GLV wird eindeutig von einer *zwischen beiden Staaten* bestehenden Grenze ausgegangen.
Die Grenzkommission (im folgenden GK) setzte sich aus Staatsvertretern beider Seiten zusammen. Dabei muß beachtet werden, dass die DDR ein in Bezirken untergliederter Zentralstaat war, die BRD ein in Ländern gegliederter Förderativstaat ist.
Die Verhandlungen in der GK fanden zwischen „Beauftragten der Regierung" der DDR und „Mitglieder der Delegation" der BRD statt.
Sie standen unter Leitung von Botschaftern (August Klobes und Karl Kormes) sowie Volkmar Fenzlein alle vom Ministerium für Auswärtige Angelegenheiten der DDR.
Seitens der BRD zunächst unter Leitung von Ministerialdirektor Dr. Siegfried Fröhlich, dann Ministerialdirigent Dr. Günther Pagel vom Bundesministerium des Innern und schließlich Ministerialdirigent Dr. Hansjürgen Schierbaum vom Bundesministerium für innerdeutsche Beziehungen.
Die Delegationen setzten sich seitens der DDR aus Vertretern des Ministeriums für Nationale Verteidigung, Ministerium des Innern und Ministerium für Umweltschutz und Wasserwirtschaft, seitens der BRD aus Vertretern des Bundesgrenzschutzes, Bundesministerium für innerdeutsche

[4] Der GLV wurde am 21. Dezember 1972 in Berlin (Hauptstadt der DDR) unterzeichnet und trat am 21. Juni 1973 in Kraft. Quelle: Gesetzblatt der DDR 1973, Teil II. Nr..5 Seite 25 bis 27. Der Vertragstext befindet sich in der Anlage 1 abschriftlich aus dem Urteil des BVerfG vom 31.7.1973 .

Beziehungen, Bundesministerium der Finanzen und einem Leitenden Regierungsvermessungsdirektor sowie Vertretern der Bundesländer Niedersachen, Schleswig-Holstein, Hessen und Bayern zusammen. Die zuletzt genannten Vertreter der Bundesländer gehörten der BRD-Delegation der GK nur solange an, solange die entsprechenden Grenzabschnitte zu ihren Ländern auf der Tagesordnung der GK standen.
Grundsätzlich wird aber hervorgehoben, dass alle Probleme ausschließlich von den „zentralen" Vertretern in der GK entschieden wurden, soweit die Zuständigkeit der Bundesregierung oder der DDR-Regierung nicht gegeben war. So wurde z.B. über den Verlauf (Mitte oder Mitte Strom, Ufer oder Streichlinien an den Buhnenköpfen) der Elbe-Grenze bekanntlich nicht von den Vertretern der Bundesländer entschieden. Das diese Entscheidung derart ausfiel, dass über den Grenzverlauf der Elbe (und dem Präjudiz Warme Bode) überhaupt nicht entschieden wurde, soll hier nicht diskutiert werden. Wenn wahrheitswidrig behauptet wird, dass die DDR einen Grenzverlauf am BRD-seitigen Ufer vorschlug und damit die gesamte Elbe als ihr Territorium beanspruchte, dann kommt das aus einem Tollhaus.[5]

Das die beiden Staaten „deutsch" waren, bleibt unbeanstandet, wenn man davon absieht, dass in der Hochzeit des kalten Krieges regierungsamtlich die Frage formuliert wurde *„ist die Sowjetzone ein Staat? Pseudostaatliche Tarnorganisation sowjetrussischer Fremdherrschaft."*[6] Naja, könnte man sagen, das war im Jahre 1956. Aber im Jahre 1991 erklärte der Verhandlungsführer der BRD zum „Einigungsvertrag" an seine DDR-Partner von der Ost-CDU in internen Unterhaltungen gewandt: Er liess nie Unklarheiten über seine Prioritäten aufkommen indem er sagte:

„Liebe Leute, es handelt sich um einen Beitritt der DDR zur Bundesrepublik, nicht um die umgekehrte Veranstaltung. Wir

---

[5] Vgl. Hans Borschardt: Und am Ende stand die Spaltung Deutschlands. Ein Streifzug durch die Geschichte Deutschlands des 20. Jahrhunderts unter besonderer Berücksichtigung und Beseitigung der innerdeutschen Grenze im Landkreis Lüchow-Dannenberg/Nds. Lüneburg (o. D., 2004), Seite 281.

[6] Bulletin der Bundesregierung Nr.145/Seite 1412 vom 7. August 1956.

haben ein gutes Grundgesetz (einschließlich des Artikels 146-K.E.), das sich bewährt hat. Wir tun alles für euch. Ihr seid herzlich willkommen. Wir wollen nicht kaltschnäuzig über eure Wünsche und Interessen hinweggehen. ***Aber hier findet nicht die Vereinigung zweier gleicher Staaten statt.*** *Wir fangen nicht ganz von vorn bei gleichberechtigten Ausgangspositionen an. Es gibt das Grundgesetz, und es gibt die Bundesrepublik Deutschland. Lasst uns von der Voraussetzung ausgehen, daß ihr vierzig Jahre lang von beiden ausgeschlossen wart. Jetzt habt ihr Anspruch auf Teilnahme, und wir nehmen darauf Rücksicht.“*[7]

Welche bessere Begründung gibt es dafür, vom *Anschluß der DDR* an die BRD auszugehen?

Zur Grenzfrage hat sich Schäuble logischerweise nur auf den „Mauerfall“ vom 9. November 1989, den Übersiedlerstrom Ost-West, die „Anerkennung der Oder-Neiße-Grenze“ und den Artikel 23(alt) GG für die BRD gestürzt.[8]

Der Artikel 146 GG und vor allem das Schreckgespenst von einen neuen Verfassung für die DDR ließ den damaligen Bundesinnenminister offensichtlich *erschauern*.[9]

Die Formel von einer „innerdeutschen Grenze“ – wenn die Staatsgrenze zwischen beiden Staaten gemeint ist- passt haargenau in diese Schemata und sollte endgültig der Vergangenheit angehören.

Die verschiedenen Staats- und Gesellschaftsordnungen, die Grenze zwischen den beiden Systemen darf bei Verwendung der Begrifflichkeit der sog. innerdeutschen Grenze nicht vergessen werden.

---

[7] Wolfgang Schäuble: Der Vertrag. Wie ich über die deutsche Einheit verhandelte, Stuttgart 1991 Seite 131. Hervorhebung vom Verfasser.

[8] Vgl, Schäuble aaO Seiten 58 bis 78.

[9] Vgl. Schäuble aaO Seite 66.

Die heutige innerdeutsche Grenze zwischen Sachsen-Anhalt und Niedersachsen

Selbstverständlich gab es in der deutschen Geschichte, im Verlauf von mehr als 1000 Jahren „innerdeutsche Grenzen" die geprägt durch Stämme und Territorien, Staaten und Länder und in der hier behandelten Zeit zwischen Bundesländern und Bezirke verliefen. Dabei spielte die Römische Kirche, die sich nicht an Stammesgrenzen orientierte, die Politik der deutschen Kaiser (Karl der Große, Otto der Große), das fränkische Lehnwesen im „Reich", die Binnengrenzen im „Heiligen Römischen Reich" die immer zahlreicher wurden eine wichtige Rolle. Am Ende dieser Periode gab es etwa 1800 „Souveräne" (Königreiche, Erzherzog-, Herzog- und Fürstentümer, Mark-, Pfalz-, Land und Burggrafschaften, Erzbistümern und Bistümern, Hochstiften und Stiften, Reichsstädten - um nur einige zu nennen) davon waren etwa 300 reichsständisch und fast 1500 reichsritterlich. Diese 1800 Gebiete der verschiedensten Größe waren „umgrenzt" und dienten vor allem dazu, den *Bewohnern* deutlich zu machen welches Recht für sie galt und an wen sie ihre Abgaben leisten mussten.

Im Deutschen Bund (1815 gegründet) waren 41 Staaten mit erblichen Monarchien und Stadtrepubliken zusammengeschlossen. Diese Gebilde entstanden hauptsächlich durch Kriege. Zufälle wie Kinderanzahl, Heiraten, Käufen der jeweils Herrschenden spielten ebenfalls eine Rolle bei der Bildung der kleindeutschen Nationalstaaten. Eine durchgreifende Reform der Länderstruktur gab es weder im deutschen Kaiserreich noch in der Zeit des Nazifaschismus.
Die Staatsgrenze zwischen den beiden deutschen Staaten wurde im Jahre 1967 von der DDR einseitig markiert. Es gab seitens der drei Westmächte und der Bundesregierung keinen Widerspruch, nachdem die DDR-Regierung in entsprechenden Noten vom 16. November 1966 darüber informiert hatte. Es gab auch Grenzabschnitte, die seitens der DDR nicht markiert wurden.
Wenn die zwischen beiden Staaten „bestehende Grenze“ mit den Sicherungsanlagen, die sich auf dem Hoheitsgebiet der DDR befanden, gleichgesetzt wird, dann hätte sich doch keine der beiden Seiten jemals darauf eingelassen, die *„bestehende Grenze“* in das Vertragswerk des GLV aufzunehmen. Das war ein Punkt, der außerhalb jedes Kompromisses lag.
Die BRD-Seite bediente sich in ihrer Argumentation einer „Gebrauchsgrenze“. Lax formuliert und von Westseite betrachtet: Dort wo Restmüll der Dorfbewohner am Streckmetallzaun (auf Hoheitsgebiet der DDR) gelagert ist, dort verläuft die „Gebrauchsgrenze“. Bei Benutzung des Wortes „Streckmetallzaun“, der übrigens aus Stahlwerken der BRD geliefert wurde, soll seine Funktion nicht vergessen werden: er sollte beim Einsatz von Schusswaffen durch DDR-Grenzer dazu dienen, dass keine Projektille oder Splitter aller Art ins Hoheitsgebiet der BRD gelangten. Eine wohl völkerrechtsgemäße Maßnahme!

Unzweifelhaft wurde von der GK die *„zwischen den beiden Staaten bestehenden Grenze“* überprüft und soweit erforderlich, erneuert oder ergänzt sowie die erforderlichen Dokumentationen erarbeitet.

Im § 2 des Grenzgesetzes[10] wird die *Staatsgrenze* als die Linie bezeichnet, die das Hoheitsgebiet der DDR „von den Hoheitsgebieten benachbarter bzw. gegenüberliegender Staaten und vom Offenen Meer abgrenzt."

Als *Hoheitsgebiet* wird im § 1 dieses Gesetzes „das Festlandgebiet einschließlich des Erdinnern und der Binnengewässer (Flüsse, Kanäle, Seen, Staubecken), die inneren Seegewässer, die Territorialgewässer und den Grund und Untergrund dieser Gewässer sowie den Luftraum über dem gesamten Festlandgebiet und allen Gewässern" definiert.

Der Aufbau des Komplexes der Sicherungsanlagen erfolgte *ausschließlich*[11] auf dem Staatsgebiet der DDR und war ihre souveräne Angelegenheit und erfolgte mit Zustimmung der Sowjetunion. Die BRD, die die fragwürdige Konstruktion der Weiterexistenz des Deutschen Reiches über den 8. Mai 1945 hinaus vertrat und noch vertritt (siehe weiter unten Urteil des BVerfG zum GLV) hätte konsequenter Weise alle ihre Außengrenzen als Reichsgrenzen, die Grenze zwischen beiden deutschen Staaten als „innere Reichsgrenze" bezeichnen sollen. Mit der These vom Fortbestand des Deutschen Reiches ist die Frage eng verbunden, innerhalb welcher Grenzen existierte dieses fiktive Deutsche Reich weiter?

In der „Erklärung der Delegationsleiter der DDR und der BRD zum Verhandlungsprotokoll zur Ziffer I des Zusatzprotokolls" heißt es: Es bestand Einvernehmen über folgendes:

„1. Der Verlauf der Grenze zwischen der Deutschen Demokratischen Republik und der Bundesrepublik Deutschland bestimmt sich nach den diesbezüglichen Festlegungen des Londoner Protokolls vom 12. September 1944.[12]

Soweit örtlich die Grenze von diesen Festlegungen aufgrund späterer Vereinbarungen der damaligen Besatzungsmächte abweicht, wird ihr genauer Verlauf durch die Kommission an Ort

[10] Gesetz über die Staatsgrenze der DDR (Grenzgesetz) vom 25. März 1982; GBl. Teil I, Nr. 11, Seiten 197 bis 218. Ich verwende diese Definitionen, weil es bis zum heutigen Tag keine derartigen im deutsch-sprachigen Raum gibt.

[11] Anders als z.B. der Bau von 6 Meter hohen Mauern, die seitens Israels auf palästinensischem Gebiet errichtet wurden.

[12] Text Anlage 2.

und Stelle unter Beiziehung aller Unterlagen festgelegt und markiert.
Über den Grenzverlauf werden eine Grenzkarte und eine den praktischen Erfordernissen Rechnung tragende Grenzbeschreibung für jede der beiden Seiten gefertigt.
Die technischen Kosten für die Markierung werden von den vertragsschließenden Staaten je zur Hälfte getragen.
2. Soweit erhebliche praktische Unzuträglichkeiten durch den bestehenden Grenzverlauf eintreten, soll die Kommission geeignete Maßnahmen zur Abhilfe, darunter Nutzungsvereinbarungen für Grundstücke und Wirtschaftswege, vorschlagen. Praktische Fragen von untergeordneter Bedeutung bei sonstigen mit dem Grenzverlauf im Zusammenhang stehenden Problemen soll die Kommission nach Möglichkeit unmittelbar klären.
3. Kann die Kommission in einer von ihr behandelten Frage eine Übereinstimmung nicht erzielen, so wird diese Frage von beiden Seiten ihren Regierungen unterbreitet, die sie auf dem Verhandlungswege beilegen.“ [13]

[13] Völkerrecht Dokumente Teil 3 Staatsverlag Berlin 1973 Seite 1397 f. Auch in : „Die Grenzkommission“ Dokumentation über Grundlagen und Tätigkeit, Bundesministerium für innerdeutsche Beziehungen (Dezember 1978) Seite 13. Nicht unerwähnt darf bleiben, dass dem BVerfG in seinem Urteil vom 31.Juli 1973 diese „ *Erklärung* beider Delegationsleiter zu Protokoll über die Aufgaben der Grenzkommission“ im Wortlaut nicht vorlag!

Unterzeichnung GLV am 21.12.1972 durch Michal Kohl (rechts) und Egon Bahr (links)

Der Leser wird ausdrücklich darauf aufmerksam gemacht, dass in dieser Erklärung der Delegationsleiter nicht nur die Vereinbarungen der ehemaligen Besatzungsmächte als bindend betrachtet werden, sondern *„ihr genauer Verlauf... unter Beiziehung aller Unterlagen festgelegt und markiert"* werden können. Auch hier soll auf die Möglichkeit der Festlegung der Grenze, die immer einen Gebietstausch beinhaltet, hingewiesen werden.

Ohne eine detaillierte Argumentation zu führen, soll aber angemerkt werden, dass der GLV insgesamt in den öffentlichen Medien vor allem nach Anschluß[14] der DDR weitgehend ignoriert wird. Das betrifft in erster Linie jene Passagen des Vertrages, die sich auf den *Verlauf* der Staatsgrenze zwischen beiden deutschen Staaten sowie die Tätigkeit der GK beziehen.

Wenn überhaupt, das wird der sog. Brief zur deutschen Einheit (der von Egon Bahr beim Pförtner im Hause des Ministerrates der DDR abgegeben wurde); der Protokollvermerk zu

[14] Die Begriffe Intervention bzw. Annektion, die häufig auch verwandt werden, lehne ich ab. Genauso wenn Anne Peters (FAZ 15.5.2014 Seite 7) die „Wiedervereinigung Deutschlands" als Beispiel eines „Gebietswechsels mit indirekter demokratischer Rechtfertigung" charakterisiert.

Vermögensfragen; der Briefwechsel zu Post- und Fernmeldeangelegenheiten; Arbeitsmöglichkeiten von Journalisten; Eröffnung weiterer Grenzübergangsstellen; Verbesserung des grenzüberschreitenden Reise- und Besucherverkehrs; Protollvermerk zu Staatsbürgerschaftsfragen oder zur Familienzusammenführung, erwähnt.

Nicht vergessen soll der Briefwechsel zur Mitgliedschaft beider Staaten in die UNO werden.

Dabei darf nicht unbeachtet bleiben, dass z.B. eine Landesgrenze zwischen deutschen Ländern niemals eine Trennlinie von Hoheitsgebieten ist, nicht ins Erdinnere und in den Luftraum bis an die Grenze zum Weltraum reicht, sondern eher mit einer Grundstückgrenze vergleichbar ist.

Einige Fragen seien formuliert, die den „innerdeutschen Charakter", der Staatsgrenze DDR/BRD *ad absurdum* führen müssen:

Holzschnitt Frans Masereel, aus „Mein Stundenbuch" 165 Holzschnitte München 1957

Die Insassen von Sportbooten, wenn sie aus Unfähigkeit ihr Boot richtig zu navigieren, die „Seegrenze“ zwischen Mecklenburg-Vorpommern und Schleswig-Holstein (sofern es überhaupt eine gibt) zur „Verantwortung“ gezogen werden? Gilt das Einschlafen beim Einlaufen in die Territorialgewässer des anderen Bundeslandes als Umstand, der angemessen zu berücksichtigen ist?
Hat schon jemand davon gehört, dass z.B. Überflugrechte (obwohl in der GK nicht bearbeitet) zwischen deutschen Bundesländern geregelt werden?
Wie wird mit unterschiedlichen Rechtspositionen zu Grenzverläufen, wenn es diese gibt, zwischen den Bundesländern umgegangen?
Mit welchen Grenzzeichen (Grenzsteine, Grenzpfähle oder sonstigen Grenzzeichen) oder Hilfsgrenzzeichen (Tonnen oder Bojen) ist die Grenze zwischen Bundesländern markiert?
Wie lauten die „Grundsätze zur Schadensbekämpfung“ zwischen den Bundeländern?
Ist Fischern, die zum Zwecke des Fischfangs die Insel im Bundesland A umfahren, das vom Bundesland B zu gestatten? Wie sind diese Boote gekennzeichnet?
Wenn Energiefreileitungen abgebaut oder aufgebaut werden, welche Zuständigkeit haben die Bundesländer beim „Grenzübertritt“?
Welche Grenzinformationspunkte mit Telefonverbindungen gibt es zwischen Bundesländern? Wann finden Kontaktgespräche über diese Leitungen statt?
Wo sind Festlegungen für das Betreten des Gebietes des anderen Bundeslandes? Informationen an das Nachbarbundesland über Brände, wenn die Gefahr des Übergreifens besteht. Wo und wie ist das innerdeutsch geregelt?
Nimmt der Bundesrat die Aufgaben der Botschaft („Ständige Vertretung“) bzw. der GK wahr? Wie ist der Informationsfluss geregelt, wenn eine Schafherde die Grenze zwischen Bundesländern überquert?

Gibt es Regelungen wie Einheiten des Katastrophenschutzes und der Feuerwehr sowie Kräfte und Mittel des Rettungsdienstes und des Gesundheitswesens die innerdeutsche Landesgrenze zwischen den Ländern im Notfall überwinden dürfen? Oder bleiben sie grundsätzlich auf „eigenem“ Gebiet? Erfolgt die Regulierung der Schadensfälle an Stelle der „Ständigen Vertretung“ über den Bundesrat? Gibt es eine Definition über die Grenzgewässer zwischen Bundesländern? Wenn bei Baumfällarbeiten oder Sturmschäden Bäume auf das Gebiet eines anderen Bundeslandes fallen, wie wird das geregelt? Existiert ein Verzeichnis *über Grenzwege* zwischen Hessen und Bayern? Welche öffentlichen Protokolle und Dokumentationen gibt es über den Grenzverlauf zwischen Bundesländern? Wie wird der Braunkohlen- bzw. Kaliabbau zwischen den Bundesländern geregelt? Jene Teile der Talsperre, die auf dem Gebiet des Bundeslandes Y liegen, dürfen zum Zwecke der Instandhaltung und Kontrolle durch Bevollmächtigte des Bundeslandes Z betreten werden. Das Bundesland Z führt zu diesem Zweck Anpassungsmaßnahmen durch. Die zur Datenfernübertragung zur Talsperre notwendigen Kabel werden vom Bundesland Y bereitgestellt. Werden Schäden an der Grenzmarkierung verursacht, hat das Bundesland Z sie auf eigene Kosten zu reparieren. Wie ist die Wasserentnahme zwischen den Bundeländern aus Grenzgewässern geregelt? Welche Breite und Tiefe müssen die Viehtränken haben? Welche Informationspflicht über Tierseuchen bestehen zwischen den Bundesländern? Die Grenzsicherungsorgane der Bundesländer behalten sich vor, bei Verkehrsunfällen im Grenzbereich die „Gegenseite“ zu informieren.

2 Das Urteil des Bundesverfassungsgerichts zum Grundlagenvertrag

Unvergessen müssen auch die Formulierungen im Urteil des BVerfG zum GLV vom 31. Juli 1973[15] werden in denen es u.a. heißt:

„Es gibt Grenzen verschiedener rechtlicher Qualität: Verwaltungsgrenzen, Demarkationsgrenzen, Grenzen von Interessensphären, eine Grenze des Geltungsbereichs des Grundgesetzes, die Grenzen des Deutschen Reiches nach dem Stand vom 31. Dezember 1937, staatsrechtliche Grenzen und hier wiederum solche, die den Gesamtstaat einschließen, und solche, die innerhalb eines Gesamtstaates Gliedstaaten (z.B. Länder der Bundesrepublik) voneinander trennen. Dass in Artikel 3 Abs. 2 eine staatsrechtliche Grenze gemeint ist, ergibt sich unzweideutig aus dem übrigen Inhalt des Vertrags (Art 1, 2, 3 Absatz 1, 4, 6). Auf die Frage, ob die Anerkennung der Grenze zwischen den beiden Staaten als Staatsgrenze mit dem Grundgesetz vereinbar ist, ist entscheidend die Qualifizierung als staatsrechtliche Grenze zwischen zwei Staaten, deren \`Besonderheit´ ist, daß sie auf dem Fundament des noch existierenden Staates \`Deutschland als Ganzes´ existieren, daß es sich also um eine staatsrechtliche Grenze handelt, ähnlich denen, die zwischen den Ländern der Bundesrepublik Deutschland verlaufen."

Logisch bleibt trotz dieser Entscheidung, dass *jede* Grenze – ob es sich um eine Grundstücksgrenze, um einen „Grenzbaum" (§ 923 BGB) oder um eine unbekannte Grundstücksgrenze („Grenzverwirrung" § 920 BGB); Gebiets- oder Stadtgrenze; Kreis- oder Bezirksgrenze; Landesgrenze zwischen verschiedenen deutschen Ländern handelt, sie können entsprechend der örtlichen Gegebenheiten gleichfalls Staatsgrenze zwischen Staaten sein.

[15] Entscheidung: 2/BVG 1/73 zur Verfassungsrechtlichen Beurteilung des Vertrags Ziffer 3. Zu Artikel 3 Absatz 2 GLV.

Das BVerG hat den Begriff „innerdeutsche Grenze" nicht verwandt. Die „Qualifizierung als staatrechtliche Grenze zwischen zwei Staaten" hat es mit der phänomenalen Idee (das Gericht nennt es "Besonderheit") der Fortexistenz des Deutschen Reiches in den Grenzen von 1937 verbunden, um eine Gleichsetzung bzw. *Ähnlichkeit* mit Grenzen zwischen Bundesländern begründen zu können. Was haben wir damals über diese Rechtskonstruktion gelacht.

Jetzt ist das Lachen verhallt, weil im größer gewordenen Deutschland – die Autorität des BVerfG nicht mehr lächerlich gemacht wird. Das wäre auch dann so, wenn das Gericht seine damalige Meinung geändert hätte. Schließlich sind seit dieser Entscheidung des BVerfG zum GLV einige „Generationen von Verfassungsrichtern und –richterinnen" im Amt gewesen.

Willy Brandt bezeichnet das Urteil zum GLV „in Teilen seiner Begründung als wirklichkeitsfremd . So, wenn es zur innerdeutschen Grenze heißt, `daß es sich dabei um eine staatsrechtliche Grenze handelt ähnlich denen, die zwischen den Ländern der Bundesrepublik Deutschland verlaufen´".[16]

Für Paech und Stuby war die Gleichsetzung der Staatsgrenze zwischen beiden deutschen Staaten mit den Ländergrenzen der BRD durch das BVerfG „ein völkerrechtlich absurdes Unikum und zielte auf die Diskriminierung eines souveränen Staates"[17] ab.

Beginnend mit der Hallsteindoktrin (Alleinvertretungs-anmaßung), bis zum Anschluss der DDR war diese Diskriminierung Staatsdoktrin der BRD.

Eine Ausnahme bildete die Zeit während der Kanzlerschaft Willy Brandts.

Egon Bahr stellt fest, das mit dem GLV *„beide Seiten die verbissenen Versuche (beendeten) sich gegenseitig zu behindern und zu schädigen, und wurden frei, zu neuen Ufern aufzubrechen. Im Kanzleramt fühlten wir uns am Ziel des ersten großen Abschnitts unseres Konzepts. Die bilateralen Verträge*

[16] Willy Brandt Begegnungen und Einsichten. Die Jahre 1960 -1975, Hamburg 1976, Seite 522.

[17] Norman Paech/Gerhard Stuby :Völkerrecht und Machtpolitik in den internationalen Beziehungen Aktualisierte Ausgabe VSA: Verlag Hamburg 2013 Seite 370.

*(*Moskauer, Warschauer Vertrag- K.E*) hatten das Feld planiert, um nun den großen zweiten Abschnitt beginnen zu können: ein Gebäude der europäischen Sicherheit zu errichten, um damit die Voraussetzungen für die staatliche Einheit zu schaffen."*[18]
Mit dem Begriffspaar „Wandel durch Annäherung", dass DDR-Außenminister Otto Winzer als „Aggression auf Filzlatschen" bezeichnete, wurde die Öffentlichkeit bereits im Juli 1963 auf die später so genannte „neue Ostpolitik" aufmerksam gemacht.[19]
Im „Bahr-Papier" vom Juni 1970, das den Verhandlungsstand der Gespräche zwischen Bahr und Gromyko zur Vorbereitung des Moskauer Vertrages zusammenfasst und schlussendlich im Artikel 3 dieses Vertrages seinen Niederschlag fand heißt es, dass *„die Grenzen aller Staaten in Europa als unverletzlich (betrachtet werden), wie sie am Tage der Unterzeichnung dieses vertrages verlaufen, einschließlich der Oder-Neiße-Linie, die die*

Im Vordergrund: Egon Bahr, Andrej Gromyko und Valentin Falin
Mai 1973 (Privatarchiv Falin)

Westgrenze der Volksrepublik Polen bildet, und der Grenzen zwischen Bundesrepublik Deutschland und der Deutschen Demokratischen Republik."[20]

[18] Egon Bahr "Ostwärts und nichts vergessen! Kooperation statt Konfrontation. Hamburg 2012 Seite 61.
[19] Vgl. aaO. Seite 37.
[20] Das Bahr Papier aaO Seite 163, Vertrag zwischen der BRD und der UdSSR vom 12. August 1970, BGBl. Teil II, Nr. 27 Seiten 354 f.

Die Feststellung von Paech/Stuby der völkerrechtlichen Absurdität des Vergleichs der Staatsgrenze DDR/BRD mit Ländergrenzen der BRD ist auch dann erst recht richtig, wenn keine Unterscheidung zwischen Verlauf und Sicherung der Staatsgrenze gemacht wird. Die Gleichsetzung wäre nicht nur ein *absurdes Unikat,* sondern war auch damals bereits eine *völkerrechtliche Ungeheuerlichkeit,* weil der von der territorialen Integrität erfasste Bau von Sicherungsanlagen entlang des Verlaufs der Staatsgrenze DDR/BRD eine innere Angelegenheit der DDR war.

Ob und wie diese Sicherungsanlagen für die DDR nützlich waren, soll hier nicht untersucht werden.

Soviel steht jedoch fest: Hätte es diese Anlagen und das gesamte Grenzregime der DDR nicht gegeben, wäre zumindest den bundesdeutschen Journalisten und ihren Auftraggebern ein wichtiger *Arbeitsgegenstand entgangen.*

An anderer Stelle wird die Erklärung des Gericht der GLV sei konform mit dem Grundgesetz damit umschrieben, dass das BVerfG den GLV *„in einer Weise interpretierte, die kaum mehr mit dem Wortlaut des Vertrages in Übereinstimmung zu bringen ist".*[21] Beide Autoren bemerken zu dieser *bedenklichen Uminterpretation* im Urteil die ausdrückliche Rüge des Bundesverfassungsgerichts *„dass der Vertrag noch während der verfassungsrechtlichen Überprüfung ratifiziert und damit einer Änderungsmöglichkeit aufgrund gerichtlicher Entscheidung entzogen wurde."*[22]

In dem Normenkontrollverfahren, darum handelte es sich, machte das BVerfG in diesem Zusammenhang ausdrücklich darauf aufmerksam, dass *„die verantwortlichen Verfassungsorgane*[23] *für die sich daraus möglicherweise ergebenden Folgen einzustehen"* (haben).[24]

Das BVerfG- Urteil ist häufig widersprüchlich. Diese Widersprüchlichkeit offenbart sich z.B. wenn es an anderer

---

[21] Paech/Stuby AaO Seite 442

[22] AaO Seite 511, unter Hinweis auf BVerfGE 36 1ff; Kimminich; O.. Das Urteil über die Grundlagen der staatsrechtlichen Konstruktion der BRD, in: DVBL., Seite 657 ff.

[23] Gemäß GG gehören dazu Bundestag, Bundesrat, Gemeinsamer Ausschuß, Bundesversammlung, Bundespräsident und das BVerfG selbst.

[24] Siehe BVerfGE 36 Ziffer 76.

Stelle des Urteils (IV.3.) eindeutig heißt, „*die DDR ist im Sinne des Völkerrechts ein Staat und als solcher Völkerrechtssubjekt.*

Karl Seidel bei der Begrüßung des Bonner Unterhändlers Egon Bahr auf dem Zentralflughafen Berlin-Schönefeld(Privatarchiv Karl Seidel)[25]

Diese Feststellung ist unabhängig von einer völkerrechtlichen Anerkennung der DDR durch die BRD."

Um es deutlich zu machen: Hier handelt es sich nicht um eine Formulierung des Politbüros der Sozialistischen Einheitspartei Deutschlands (SED) in den siebziger Jahren des vorherigen Jahrhundert - sondern um eine völlig richtige Grunderkenntnis des Bundesverfassungsgerichts in seinem Urteil vom 31. Juli 1973 zum GLV!

Die Staatlichkeit, die Fähigkeit eines Staates Träger von Rechten und Pflichten zu sein beinhaltet drei in der Völkergemeinschaft unumstrittene Bedingungen: *Erstens* ein umgrenztes Gebiet (auch Hoheitsgebiet oder Territorium), *zweitens* ein Staatsvolk (Bürgerinnen und Bürger) und *drittens*

---

[25] Karl Seidel: „Berlin-Bonner Balance 20 Jahre deutsch-deutsche Beziehungen" edition ost IM VERLAG DAS NEUE BERLIN 2002.

eine Staatsmacht. Die damaligen Herrn Verfassungsrichter[26] erwähnen einen *„übrigen Inhalt des Vertrages" (§ 3 Absatz 1,4 und 6)*, den es im GLV überhaupt nicht gibt. Dafür vertreten sie stramm und grundgesetzkonform die These von der weiteren Existenz des Deutschen Reiches bzw. die Grenzen dieses Reiches mit Stand vom 31.12.1937!

2 Die veröffentlichten Dokumentationen zur Staatsgrenze DDR/BRD

Anhand der folgenden Dokumentation sollen weitgehend kommentarlos auch andere Probleme[27] einer kritischen Prüfung unterzogen werden und nach dreieinhalb Jahrzehnten endlich, trotz der unterschiedlichen Rechtsstandpunkte beider deutscher Staaten, die *Wahrheit gewagt* werden.
In der damaligen Bunderepublik erschienen außer dem „Bulletin" lediglich eine Dokumentation des Bundesministeriums für innerdeutsche Beziehungen ohne Datum (1978) mit einem Vorwort des Bundesministers Egon Franke.

Minister Franke unterließ es, auf die *Festlegung* der Seegrenze in der Lübecker Bucht sowie überhaupt jeglichen Hinweises auf Festlegungen (die immer eine Gebietsveränderung einschließen) hinzuweisen. Da in der GK Vertraulichkeit vereinbart wurde, fehlen diese Hinweise selbstverständlich auch in der Dokumentation der DDR.
In den „Vorbemerkungen" dieser Dokumentation sind Anmerkungen von allgemeinem Interesse. Sie haben folgenden Wortlaut:
„In den abgedruckten Dokumenten ist an vielen Stellen auf Kartenanlagen verwiesen. Diese Karten sind Bestandteile der entsprechenden Vereinbarungen. Es war jedoch aus drucktechnischen Gegebenheiten heraus nicht möglich, diese Karten der Dokumentation beizufügen. Der Abdruck der zum Protokoll gehörenden Dokumente (hier Teil III der

[26] Es gab lediglich eine Frau Rupp- von Brüneck 1963 bis 1977.
[27] Vgl. hierzu meine Bücher: „Grenzen. Eine Auswahl staats-, völkerrechtlicher sowie zeitgeschichtlicher Aspekte der Grenzen am Beispiel beider deutscher Staaten und der Hauptstadt Berlin", verlag am park in der edition ost Berlin 2009; „In guter Verfassung? Warum das Grundgesetz auf den Prüfstand gehört", edition ost, Berlin 2010; „Die Grenze um Westberlin 1945-1990. Eine staatsrechtliche Studie", Books on Demand Norderstedt 2013; „Die Staatsgrenze zwischen beiden deutschen Staaten. Eine Studie", Books on Demand Norderstedt 2013.

Dokumentation) erfolgt nach dem System ihrer Anordnung im Protokoll."

Vorwort

Die Grenzkommission, die durch den Grundlagenvertrag eingerichtet wurde und im Zusatzprotokoll und der Erklärung beider Delegationsleiter ihren Auftrag erhielt, hat der Regierung der Bundesrepublik Deutschland und der Regierung der Deutschen Demokratischen Republik einen Bericht über ihre Tätigkeit vorgelegt. Die Regierungen haben diesen Bericht in dem „Protokoll über die Überprüfung, Erneuerung und Ergänzung der Markierung der zwischen der Bundesrepublik Deutschland und der Deutschen Demokratischen Republik bestehenden Grenze, die Grenzdokumentation und die Regelung sonstiger mit dem Grenzverlauf im Zusammenhang stehender Probleme" gebilligt.

Diese Dokumentation enthält den Wortlaut des Protokolls und seiner Anhänge. Sie enthält ferner zugehörige Regierungsvereinbarungen und Protokollvermerke der Grenzkommission. Darüber hinaus werden die wesentlichen Rechtsgrundlagen für die Tätigkeit der Grenzkommission wiedergegeben, insbesondere das Londoner Protokoll über die Abgrenzung der Besatzungszonen in Deutschland. Die Dokumentation gibt ferner die Teile des Grundlagenvertragswerkes wieder, die unmittelbar für die Arbeit der Grenzkommission einschlägig sind.

Das Regierungsprotokoll über die bisherige Arbeit der Grenzkommission rechtfertigt die Feststellung, daß es durch geduldige Arbeit und geduldiges Verhandeln möglich ist, auch in schwierigen Bereichen zu einer Verbesserung der vorher gegebenen Situation zu kommen. Die Tätigkeit der Grenzkommission ist in mehrfacher Weise wertvoll: Die Feststellung des Grenzverlaufes ist eine Voraussetzung unter anderen, um Konflikte an der Grenze zu vermeiden. Die Regelung zahlreicher mit dem Grenzverlauf im Zusammenhang stehender kleinerer und größerer Probleme dient den unmittelbar Betroffenen und ist somit – im Rahmen dessen, was nach dem Grundlagenvertrag Aufgabe der Grenzkommission war und ist – eine Konsequenz des der Vertragspolitik zugrundeliegenden Prinzips, den Menschen zu nutzen. Auch die zukünftige Tätigkeit der Grenzkommission wird sich an diesem Maßstab ausrichten.

Egon Franke

Bundesminister für innerdeutsche Beziehungen

Aus: Die Grenzkommission. Eine Dokumentation über Grundlagen und Tätigkeit. Bundesministerium für innerdeutsche Beziehungen, Bonn 822566 11.78

Die Dokumentation im Umfang von 51 nummerierten Seiten sowie 11 Seiten über die Art der Markierungszeichen und zwei Übersichten, über den von der GK festgestellten Verlauf (nördlicher und südlicher Teil), und hat zum Inhalt:

I. Das „Londoner Protokoll“ vom 12.September 1944 mit Ergänzungen
II. Den GLV mit Zusatzprotokollen zu Artikel 3 und 7. sowie Artikel 23 des Verkehrsvertrages,
III. Protollvermerk der GK (44. Sitzung) bisherige Tätigkeit der GK und Protokoll zwischen den Regierungen „über die Überprüfung, Erneuerung und Ergänzung der Markierung der zwischen der“ BRD und der DDR „bestehenden Grenze, die Grenzdokumentation und die Reglung sonstiger mit dem Grenzverlauf im Zusammenhang bestehender Probleme“ mit Anlagen zum Protokollvermerk, Bericht der GK , u.a. „in Kraft getretene Vereinbarungen“, Verfahrensweise bei der Überprüfung der Markierung..., Form und Abmessungen der Grenzzeichen und Hilfsgrenzzeichen.

Im Folgenden soll der Protokollvermerk Nr. 7 der GK vom 6. Dezember 1973 in vollem Wortlaut dokumentiert werden, weil er neben der Festlegung der Seegrenze in der Lübecker Bucht auch eine Festlegung des Grenzverlaufes auf dem Festland beschreibt. Die beiden Delegationen, die dazu bevollmächtigt wurden, den Verlauf der Staatsgrenze zwischen beiden deutschen Staaten im Bereich Priwall bis Elbe *festzulegen.*
Es handelte sich um Flächen zwischen etwa 26 ha (zwischen Goldensee und Dutzower See), dem größten Teilstück und etwa 0,06 ha (an der Eisenbahnstrecke Herrnburg-Lübeck) dem kleinsten Teilstück.

Wolfsburg, den 6. Dezember 1973

Protokollvermerk Nr. 7
der Grenzkommission

9. Sitzung am 05./06. Dezember 1973 in Wolfsburg

Erörterte Frage: Festlegung des Grenzverlaufes zwischen der Bundesrepublik Deutschland und der Deutschen Demokratischen Republik im Bereich Priwall bis Elbe

---

Die Arbeitsgruppe Grenzmarkierung, die die Standpunkte beider Seiten über den genauen Verlauf der Grenze in den nachstehend aufgeführten Abschnitten erörtert und an Ort und Stelle überprüft sowie alle Unterlagen beigezogen und ausgewertet hatte, erstattete der Grenzkommission Bericht. Auf dieser Grundlage erklären die Delegationen der Bundesrepublik Deutschland und der Deutschen Demokratischen Republik, die hierzu von ihren Regierungen bevollmächtigt sind, den genauen Verlauf der Grenze wie folgt festzulegen:

1. Priwall:

Es handelt sich um eine Fläche von ca. 0,3 ha (Strand). Die Grenze verläuft vom Grenzpunkt 1 in nördlicher Richtung.

2. Haus an der F 104 (Grenzübergangsstelle Selmsdorf/Lübeck):

Es handelt sich um ein bebautes und bewohntes Grundstück mit einer Fläche von ca. 0,3 ha.

Die Grenze verläuft entlang der nördlichen, östlichen und südlichen Einfriedigung des bebauten Gebietes.

3. Durchlaß an der Eisenbahnstrecke Herrnburg - Lübeck:

Es handelt sich um eine Fläche von ca. 0,06 ha.
Die Grenze folgt dem jetzigen Verlauf des Landgrabens (Ostufer).

-2-

- 2 -

4. Wietingsbeck:

Es handelt sich um eine Fläche von ca. 0,5 ha.

Die Grenze wird durch die Mitte des unbezeichneten Baches, der vom Mechower See zum Lankower See führt, gebildet.

5. Dutzower Wiesen:

Es handelt sich um eine Fläche von ca. 26 ha.

Die Mitte des unbezeichneten Grabens zwischen Goldensee und Dutzower See bildet die Grenze.

6. Dücker-Schleuse:

Es handelt sich um eine Fläche von ca. 1,5 ha.

Die Grenze folgt dem jetzigen Verlauf der Stecknitz.

7. Insel in der Stecknitz westlich Bickhusen:

Es handelt sich um eine Fläche von ca. 0,8 ha.

Die Grenze folgt dem jetzigen Verlauf der Stecknitz.

In den vorgenannten Abschnitten sind die Arbeiten zur Markierung der Grenze durchzuführen.

Für die Delegation der Bundesrepublik Deutschland

Für die Delegation der Deutschen Demokratischen Republik

Obwohl die BRD-Seite in der GK immer davon ausging, dass für Grenzveränderungen nur die vier Mächte wegen ihrer sog, Verantwortung für Deutschland als Ganzes zuständig seien, wurde der Protokollvermerk und die sich daraus ergebenden Grenzkorrekturen mit entsprechenden *Gebietsaustauschen* realisiert.

3 Zur amtlichen Veröffentlichung der Ergebnisse der Arbeit der Grenzkommission durch die DDR

Die Staatsbezeichnungen werden wie bisher im Folgenden immer abgekürzt; die Zahlen in Klammern beziehen sich die Seitenzahlen in den Gesetzblättern der DDR.

Warum wurde das Thema nach vielen Jahrzehnten gewählt? Dafür gibt es mehrere Gründe:

Der *Hauptgrund* besteht darin, dass dieser Text als amtliches Dokument (im Bundegesetzblatt) in der „alten BRD" überhaupt nicht veröffentlicht wurde.[28]
Im „Archiv der Gegenwart" (Deutschland 1949 bis 1999)[29] wird unter der Überschrift „BUNDESREPUBLIK DEUTSCHLAND DEUTSCHE DEMOKRATISCHE REPUBLIK. Unterzeichnung von Vereinbarungen über den Verlauf der innerdeutschen Grenze und über Hochwasserrückhaltebecken an der Itz" unter Berufung auf das Bulletin der Bundesregierung (ohne jegliche Seiten) und auf die Unterzeichnung von zwei Regierungsprotokollen verwiesen.
Ausdrücklich wurde darauf verwiesen, dass die GK *„keine konstitutive Grenzregelung" getroffen hätte.* Das ist eine Lüge! Es wird hier auf den komplett dokumentierten Protokollvermerk Nr. 7 der GK vom Dezember 1973 und die Festlegung der Seegrenze zwischen beiden Staaten in der Lübecker Bucht verwiesen.
Dass Lübecker Stadtfischer auch in den Territorialgewässern der DDR fischen dürfen, wird mit einer „alten Korporation in Privilegien aus dem Jahre 1188 (Kaiser FRIEDRICH I. – Barbarossa und 1226 (Kaiser FRIEDRICH II.) zugesichert worden ist" *bewiesen (!).* [30]

[28] Betrachtet man das Bulletin der Bundesregierung aus dem Jahre 1978, dann wird z.B. auf den Seiten 91, 263, 339, 388, 484, 645, 956, 1151, 1321, 1324 über einzelne Ergebnisse der GK kurz oder länger informiert, ohne dass eine Veröffentlichung im BGBl. erwähnt wird.
[29] Band 7 November 1973 bis Juni 1979 vom 29.11.1978, Seite 7044 f.
[30] AaO Seite 7045.

Zweitens: Unverändert wird der Verlauf der gemeinsamen Grenze zwischen beiden deutschen Staaten als „innerdeutsch" bezeichnet, ähnlich den Grenzen zwischen den Bundesländern.

Drittens: Es wird in den Mainstrom- Medien und damit der Öffentlichkeit der *Verlauf der Staatsgrenze,* der zwischen beiden deutschen Staaten auf völkerrechtlicher Basis grundsätzlich vereinbart wurde, mit der einseitigen Sicherung dieser Grenze seitens der DDR gleichgesetzt.

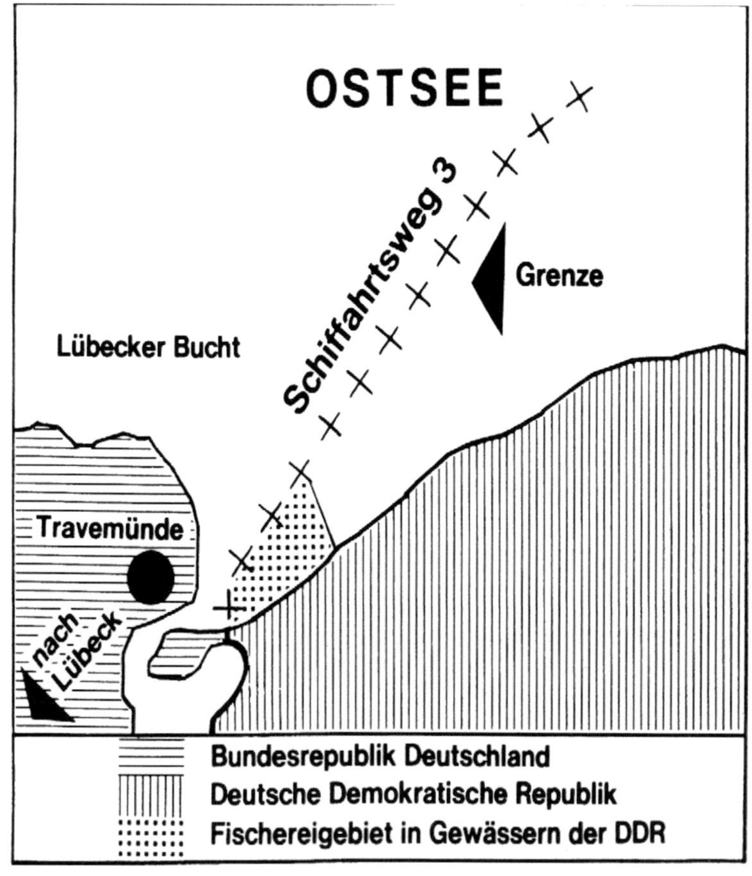

Aus: Dokumentation des Bundesministeriums für innerdeutsche Beziehungen (ohne Seitenangabe)

Die Sicherungsmaßnahmen an der Staatsgrenze DDR/BRD und rund um Westberlin, mit dem 13. August 1961 beginnend, „Mauer", Stacheldraht und Minen, „Grenztote", „Schießbefehl" schließlich der „Mauerfall" am 09. November 1989 sind auch nach 25 Jahren immer noch prägend bei der Meinungsbildung.

Viertens: Weder in der breiten Öffentlichkeit noch unter Insidern wird der grundlegende Unterschied zwischen der völkerrechtlichen Staatsgrenze DDR/BRD und der staatsrechtlichen (inneren) Grenze der DDR um Westberlin berücksichtigt.[31]

Fünftens: Mit der historischen Erledigung der genannten Grenzprobleme nach Anschluss der DDR an die BRD darf die aktuelle Aufarbeitung der vormaligen Probleme, deren staatsrechtliche Bedeutung (Grenze um Westberlin) und vor allem die völkerrechtliche Dimension der Staatsgrenze DDR/BRD nicht als erledigt betrachtet werden. Selbst in den „Empfehlungen der Expertenkommission zur Schaffung eines Geschichtsverbundes `Aufarbeitung der SED Diktatur´ aus dem Jahre 2006 werden als sog. Aufarbeitungsschwerpunkt die *Grenze* genannt.

Sechstens: Da Geschichte ist wie sie war, sie kann aber verschieden bewertet und interpretiert werden. Das ist besonders ablesbar an den unterschiedlichen, teilweise entgegengesetzten Rechtsstandpunkten, die über die beiden deutschen Staaten und ihre Grenzen vertreten wurden und noch werden. Das wird besonders daran deutlich, dass immer noch die „innerdeutsche Grenze" anstelle der deutsch-deutschen Staatsgrenze in der bundesdeutschen Öffentlichkeit herumgeistert.

Zu den bedeutsamsten Ergebnissen der Grenzkommission gehört, dass zwischen beiden deutschen Staaten eine Seegrenze *festgelegt* wurde.

---

[31] Die Grenze um Westberlin bleibt hier völlig unberücksichtigt. Auch hier möchte ich auf mein Buch „Die Grenze um Westberlin 1945-1990. Eine staatsrechtliche Studie", aufmerksam machen.

Weder im Londoner Protokoll von 1944 (Anlage 2) noch in irgendwelchen Vereinbarungen der Besatzungsmächte gab es eine solche Grenze. Die Beschreibungen der Besatzungszonen und damit der Zonengrenzen begannen immer am Festland.
Der Ausgangspunkt und Verlauf der Seegrenze ist mit Koordinaten beschrieben, die den Kompromisscharakter deutlich machen. In der völkerrechtlichen Praxis gibt es zwei Möglichkeiten des Verlaufs von Grenzen in Buchten: Das ist das Mittellinien-Prinzip oder die vertragliche Festlegung. Der Schifffahrtsweg 3 nach Lübeck wäre beim Mittellinien-Prinzip teilweise durch DDR-Hoheitsgebiet verlaufen. Die Instandhaltung wäre aus diesem Grunde auch teilweise durch sie durchzuführen. U.a. deshalb erfolgte die Festlegung des Grenzverlaufes, abweichend von der Mittellinie, DDR-seitig des Schifffahrtweges Nr.3.
Im Folgenden wird der Protokollvermerk über den Verlauf der Seegrenze sowie die Gewährung von Fischereirechten für Lübecker Stadtfischer in vollem Wortlaut abgedruckt.
Er hat folgenden Inhalt:

-Protokollvermerk über den Verlauf der Grenze zwischen den Territorialgewässern der DDR und den Territorialgewässern der BRD vom 29. Juni 1974 (438)
-Vereinbarung zwischen der Regierung der DDR und der Regierung der BRD über den Fischfang in einem Teil der Territorialgewässer der DDR in der Lübecker Bucht vom 29. Juni 1974 (438 f.)
-Erklärung der Regierung der DDR zu Protokoll zur Vereinbarung zwischen der Regierung der DDR und der Regierung der BRD über den Fischfang in einem Teil der Territorialgewässer der DDR in der Lübecker Bucht (439 f.)
zu Artikel 2 , Ziffer 3
zu Artikel 4, Ziffern 1 und 2
zu Artikel 4, Ziffer 3
zu Artikel 5, Ziffer 2.

Prinzipiell wurde seitens der Bundesregierung eingeschätzt, *„daß die Vereinbarung der Grenzkommission über die Lübecker Bucht...eine gute praktische Lösung"* darstellte.[32]

4 Die Veröffentlichung der Dokumente der GK durch die BRD

Als Beispiel soll das „Bulletin des Presse – und Informationsamtes der Bundesregierung" aus dem Jahre 1978, hier insbesondere die Nummer 142 vom 1. Dezember 1978, dienen.[33] Das „Bulletin" ist grundsätzlich als Bericht oder Verlautbarung der Bundesregierung anzusehen. Es ist ein amtliches Publikationsorgan, erscheint in verschiedenen Sprachen und kommentiert Fakten zur aktuellen Realpolitik.
Dieses Papier, das als Mitteilung des Bundeministeriums des Innern und des Bundeministeriums für innerdeutsche Beziehungen herausgegeben wurde stellt das Pendant, zum Protokoll zwischen den Regierungen über die Überprüfung, Erneuerung und Ergänzung der Markierung der zwischen beiden Staaten bestehenden Grenze, die Grenzdokumentation und die Regelung sonstiger mit dem Grenzverlauf im Zusammenhang der stehender Probleme, durch die DDR, dar.[34]

Obwohl dieses Papier („Über die Arbeit der Grenzkommission") im Zusammenhang mit der Vereinbarung über Errichtung und Betrieb des Hochwasserrückhaltebeckens an der Itz (99) genannt wird, werden im Papier alle Probleme im Zusammenhang mit dem Verlauf der Staatsgrenze, um es milde auszudrücken „unterbelichtet".

Das wird daran deutlich, weil lediglich die *dringlich zu lösenden praktischen Probleme* an der Grenze genannt werden, die

---

[32] Ministerialrat Stern über das Ergebnis der Sitzung des Staatssekretärausschusses für Deutschland- und Berlinfragen Bonn, 21. Juni 1974. In: Dokumente zur Deutschlandpolitik VI .Reihe Band 3 1. Januar 1973 bis 31. Dezember 1974 Seite 637.

[33] Der volle Wortlaut ist in der Anlage 8 abgedruckt.

[34] Der volle Wortlaut ist in der Anlage 4 A nachlesbar und wird durch Anlage 4 sinnvoll ergänzt.

Aufgaben der GK zur Überprüfung, Erneuerung und Ergänzung der Markierung mit den diesbezüglichen Bestimmungen des Londoner Protokolls[35] konterkariert, aber die Festlegungen des Grenzverlaufs gemäß Protokollvermerk Nr. 7 der GK und in der Lübecker Bucht werden einfach ignoriert.

Wenn es in der Ziffer IV. heißt, dass „die Grenzkommission keine `konstitutive´ Grenzregelung getroffen" hat, die GK die Aufgabe hatte, „den genauen Verlauf der Grenze nach den Vereinbarungen der Besatzungsmächte festzustellen" dann wird völlig ignoriert, das diese Bestimmungen der Besatzungsmächte nur die Demarkationslinien auf dem Festland betrafen, dort ihren Ausgangspunkt hatten! Um es deutlich zu sagen: Die Seegrenze zwischen beiden Staaten wurde konstitutiv festgelegt!

Neben der Anzahl und der Orte der Sitzungen der GK wird die Arbeitsgruppe Grenzmarkierung genannt, die von 1973 bis 1976 25 Sitzungen abhielt. Sie hätte die Aufgabe der Markierung gehabt. Ausgenommen seien „die Grenzabschnitte an der Elbe und der Lübecker Bucht" gewesen. Im Bulletin vom 3. Juli 1974 hieß es noch, dass die Regelungen zum *Komplex Lübecker Bucht* „das Ergebnis einjähriger Verhandlungen in der Grenzkommission" waren.[36]

Das Bulletin bestätigte, dass die GK *„entsprechenden ihrem Auftrag erhebliche Fortschritte erzielen" konnte: „Der Verlauf der Grenze ist in zahlreichen Sitzungen, Grenzbesprechungen (was auch immer darunter verstanden werden kann- K.E.) und Ortsbesichtigungen, an denen jeweils Vertreter beider Seiten beteiligt waren auf einer Länge von 1297 km einvernehmlich festgestellt worden. Der Grenzverlauf würde überprüft und vermessen; die Vermarkung durch historische Grenzsteine wurde ergänzt*", dass damit der auf dem Titelblatt abgebildete Grenzstein als Ergänzung gemeint war, wurde selbstredend nicht erwähnt.

Mit Nennung der „Schadensvereinbarung", die im Bundesgesetz-

---

[35] Anlage 2

[36] Bulletin Nr.81 Seite 809.

blatt1974 Teil II Seite 1237 ff. veröffentlicht wurde, werden die „Grenzinformationspunkte“ (109) genannt, die außer „den täglichen Anrufen zur technischen Kontrolle der Leitungen wurden bisher von beiden Seiten jeweils über 320 Meldungen übermittelt.“

Den Fischfang durch Lübecker Stadtfischer betreffend, werden auch hier alte Privilegien des Mittelalters, als Hilfskrücken benutzt und auf Einzelheiten verwiesen, die in einem anderen Bulletin[37] dargelegt wurden.

Den Grenzverlauf in der Lübecker Bucht betreffend heißt es: *Er entspricht „der durch die deutschen Behörden zunächst auf britische Anweisung und dann aus eigenem Recht erfolgten Unterhaltung und Betonnung des Schiffahrtweges 3. Sie (die Seegrenze- K.E.) verläuft entlang dem südostwärtigen Rand des Schiffahrtweges 3, der damit in voller Breite außerhalb* ***der Territorialgewässer*** *der DDR liegt. Die Schiffahrt zu den Häfen Lübeck und Travemünde ist nunmehr also auch in Übereinstimmung mit der DDR gewährleistet. Die* ***Kennzeichnung der Grenzlinie*** *erfolgt durch Tonnen nach Maßgabe näherer Regelungen durch die Grenzkommission.“*[38]

5 Schlussbetrachtungen

In meinen Büchern, (siehe Fußnote 27) habe ich die Probleme, insbesondere des Verlaufes der Staatsgrenze zwischen den ehemaligen deutschen Staaten ausführlich behandelt.

Aus diesem Grunde habe ich auch darauf verzichtet, nochmals bestimmte Tatsachen und Zusammenhänge zu wiederholen. Es denke besonders an die Festlegung der Territorialgewässergrenze in der Lübecker Bucht, den entlarvten Schwindel des Verlaufs der Elbegrenze im Strom, die prinzipielle Unterscheidung zwischen der Staatsgrenze der DDR/BRD und der Grenze um Westberlin. Ich habe auch darauf verzichtet, die historische

---

[37] 1974 Nr.81 vom 3. Juli 1974 Seiten 809 bis 814..

[38] AaO Seiten 809 f. Hervorhebungen vom Verfasser.

Entwicklung[39] und ungelöste Probleme der *anderen* Staatsgrenzen Deutschlands, die zwischen der BRD und der Schweiz, Österreich, Tschechien, Polen, Dänemark, Niederlande, Belgien Luxemburg und Frankreich, zu erörtern.

Den Literaturverzeichnissen meiner Bücher habe ich grundsätzlich wenig Neues hinzuzufügen. Neuentdecktes und Neuerscheinungen habe ich in den Fußnoten angegeben.

Ich verzichte aber nicht darauf, wie es offenbar Mode und Methode zu sein scheint, das territoriale Grenzregime mit dem Verlauf der Staatsgrenze DDR/BRD rechtlich und politisch als Einheit zu betrachten. Ich halte daran fest, dass der vereinbarte Verlauf der Grenze zwischen den beiden deutschen Staaten auf der Grundlage des GLV keinem irgendwie erkennbaren rechtlichen oder örtlichen Zusammenhang mit den einseitigen Sicherungsmaßnahmen der DDR schuf.

Diese Sicherungsmaßnahmen waren souveränes Recht der DDR und betrafen ausschließlich ihr Hoheitsgebiet.

Dem Verteidigungsminister der DDR Armeegeneral a.D. Heinz Kessler und dem Sekretär des Nationalen Verteidigungsrates der DDR Generalloberst a. D. Fritz Strelitz gebührt meine volle Zustimmung, wenn sie mit ihrem Buch „Ohne die Mauer hätte es Krieg gegeben“[40] eben das beweisen.

Ich will aber nicht unerwähnt lassen, dass die Bundesregierung insgesamt andere Prioritäten, als die des Grenzverlaufes der deutsch-deutschen Grenze, setzte.
Aus einer „Liste der Stichworte“ vom Juli 1974, die offensichtlich für den Bundeskanzler Helmut Schmidt vorbereitet wurde, läßt sich das ablesen. So heißt es dort:
Altersgrenze für Reisen, Ausbau von Eisenbahnstrecken, Autobahnausbau Berlin (West)-Helmstedt bzw. Neubau Berlin (West)- Hamburg, Braunkohlenlager Helmstedt/Harbke, Dienstleistungsvereinbarung, Eheschließungen, Entlassung und Übersiedlung von Häftlingen, Erdgasvorkommen Wustrow

[40] Erschienen edition ost im Verlag Das Neue Berlin, Berlin 2011.

(Salzwedel, Familienzusammenführung, Geheimnisträger, grenznaher Verkehr, Gruppenreisen für DDR-Bewohner, Industrieelle Kooperation, Kinderrückführung, Kriterien für Genehmigung zur Übersiedlung, Kriterien für Reise-genehmigungen, Mindestumtausch, Maschinenlieferungen der DDR, Pipeline Raffinerie Schwedt-Berlin (West), Steuervorteile im Handel, Stromversorgung Berlin (West), Swing, Teltowkanal. Transitpauschale, Zoll- und Abschöpfungsfreiheit.[41]

Andererseits fällt es aber schwer, aus dieser Liste jene auszusondern, die nicht *zumindest mittelbar* mit der Grenze zwischen beiden Staaten im Zusammenhang zu betrachten wären.
An diesem Beispiel zeigt sich unmißverständlich, dass das stetige Fordern der DDR-Seite nach völkerrechtlicher Anerkennung und territorialer Integrität, verbunden mit der Unverletzlichkeit der Staatsgrenze, von BRD-Seite geschickt genutzt wurde, um ihr Ziel (letztendlich den Anschluß der DDR) zu erreichen.

Ohne es auszuweiten, habe ich darauf verzichtet, das mögliche Atomendlager im Salzstock Gorleben dahin zu prüfen, ob die Standortwahl nicht auch deshalb erfolgte, weil es im „“Zonenrandgebiet“ in der Nähe von Morsleben (DDR-Endlager für alle atomaren Abfälle) lag?

Wenn nach 25 Jahren „Deutschland einig Vaterland“ (Modrow), „dem Zusammenwachsen was zusammengehört“ (Brandt), „den blühenden Landschaften“ (Helmut Kohl) die Einheit Deutschlands immer noch nicht vollendet ist, dann sollte jetzt die Zeit herangereift sein, dass dem Provisorium Grundgesetz für die alte BRD endlich eine Gesamtdeutsche Verfassung (gemäß Artikel 146) folgt.

[41] Vgl. Dokumente zur Deutschlandpolitik VI .Reihe Band 3 1. Januar 1973 bis 31. Dezember 1974 Seite 652.

Abkürzungsverzeichnis

AGGM - Arbeitsgruppe Grenzmarkierung der GK
BRD - Bundesrepublik Deutschland
BGBl. - Bundesgesetzblatt der BRD
BVerfG - Bundesverfassungsgericht
Bulletin - Bulletin des Presse- und Informationsamtes der Bundesregierung
DDR - Deutsche Demokratische Republik
GBl. - Gesetzblatt der DDR
GK - Grenzkommission
GLV – Grundlagenvertrag
PV - Protokollvermerk

Anlage 1

Vertrag über die Grundlagen der Beziehungen zwischen der DDR und der BRD (mit Zusatzprotokoll zu Artikel 3) vom 21. 12.1972

Die Hohen Vertragsschließenden Seiten
eingedenk ihren Verantwortung für die Erhaltung des Friedens,
in dem Bestreben, einen Beitrag zur Entspannung und Sicherheit in Europa zu leisten,
in dem Bewußtsein, daß die Unverletzlichkeit der Grenzen und die Achtung der territorialen Integrität und der Souveränität aller Staaten in Europa in ihren gegenwärtigen Grenzen eine grundlegende Bedingung für den Frieden sind,
in der Erkenntnis, daß sich daher die beiden deutschen Staaten in ihren Beziehungen der Androhung oder Anwendung von Gewalt zu enthalten haben,
ausgehend von den historischen Gegebenheiten und unbeschadet der unterschiedlichen Auffassungen der Deutschen Demokratischen Republik und der Bundesrepublik Deutschland zu grundsätzlichen Fragen, darunter zur nationalen Frage,
geleitet von dem Wusch, zum Wohle der Menschen in den beiden deutschen Staaten die Voraussetzungen für die Zusammenarbeit zwischen der Deutschen Demokratischen Republik und der Bundesrepublik Deutschland zu schaffen, sind wie folgt übereingekommen:

Artikel 1
Die Deutsche Demokratische Republik und die Bundesrepublik Deutschland entwickeln normale gutnachbarliche Beziehungen zueinander auf der Grundlage der Gleichberechtigung.

Artikel 2
Die Deutsche Demokratische Republik und die Bundesrepublik Deutschland werden sich von den Zielen und Prinzipien leiten lassen, die in der Charta der Vereinten Nationen niedergelegt sind, insbesondere der souveränen Gleichheit aller Staaten, der Achtung der Unabhängigkeit, Selbständigkeit und territorialen Integrität, dem Selbstbestimmungsrecht, der Wahrung der Menschenrechte und der Nichtdiskriminierung.

Artikel 3

Entsprechend der Charta der Vereinten Nationen werden die Deutsche Demokratische Republik und die Bundesrepublik Deutschland ihre Streitfragen ausschließlich mit friedlichen Mitteln lösen und sich der Drohung mit Gewalt oder der Anwendung von Gewalt enthalten.
Sie bekräftigen die Unverletzlichkeit der zwischen ihnen bestehenden Grenze jetzt und in Zukunft und verpflichten sich zur uneingeschränkten Achtung ihrer territorialen Integrität.

Artikel 4

Die Deutsche Demokratische Republik und die Bundesrepublik Deutschland gehen von aus, daß keiner der beiden Staaten den anderen international vertreten oder in seinem Namen handeln kann.

Artikel 5

Die Deutsche Demokratische Republik und die Bundesrepublik Deutschland werden friedliche Beziehungen zwischen den europäischen Staaten fördern und zur Sicherheit und Zusammenarbeit in Europa beitragen.
Sie unterstützen die Bemühungen um eine Verminderung der Streitkräfte und Rüstungen in Europa, ohne daß dadurch Nachteile für die Sicherheit der Beteiligten entstehen dürfen.
Die Deutsche Demokratische Republik und die Bundesrepublik Deutschland werden mit dem Ziel einer allgemeinen und vollständigen Abrüstung unter wirksamer internationaler Kontrolle der internationalen Sicherheit dienende Bemühungen um Rüstungsbegrenzung und Abrüstung, insbesondere auf dem Gebiet der Kernwaffen und anderen Massenvernichtungswaffen, unterstützen.

Artikel 6

Die Deutsche Demokratische Republik und die Bundesrepublik Deutschland gehen von dem Grundsatz aus, daß die Hoheitsgewalt jedes der beiden Staaten sich auf sein Staatsgebiet beschränkt. Sie respektieren die Unabhängigkeit und Selbständigkeit jedes der beiden Staaten in seinen inneren und äußeren Angelegenheiten.

Artikel 7

Die Deutsche Demokratische Republik und die Bundesrepublik Deutschland erklären ihre Bereitschaft, im Zuge der Normalisierung ihrer Beziehungen praktische und humanitäre Fragen zu regeln. Sie werden Abkommen schließen, um auf der Grundlage dieses Vertrages und zum beiderseitigen Vorteil die Zusammenarbeit auf dem Gebiet der Wirtschaft, der Wissenschaft und Technik, des Verkehrs, des Rechtsverkehrs, des Post-und Fernmeldewesens, des Gesundheitswesens, der Kultur, des Sports, des Umweltschutzes und auf anderen Gebieten zu entwickeln und zu fördern. Einzelheiten sind in dem Zusatzprotokoll geregelt.

Artikel 8
Die Deutsche Demokratische Republik und die Bundesrepublik werden ständige Vertretungen austauschen. Sie werden am Sitz der jeweiligen Regierung errichtet.
Die praktischen Fragen, die mit der Errichtung der Vertretungen zusammenhängen, werden zusätzlich geregelt.

Artikel 9
Die Deutsche Demokratische Republik und die Bundesrepublik stimmen darin überein, daß durch diesen Vertrag die von ihnen früher abgeschlossenen oder sie betreffenden zweiseitigen und mehrseitigen internationalen Verträge und Vereinbarungen nicht berührt werden.

Artikel 10
Dieser Vertrag bedarf der Ratifikation und tritt nach dem Austausch entsprechender Noten in Kraft.

Zu Urkund dessen haben die Bevollmächtigten der Hohen Vertragsschließenden Seiten diesen Vertrag unterzeichnet.
Geschehen in Berlin am 21. Dezember 1972 in zwei Urschriften in deutscher Sprache.

Für die	Für die
Deutsche Demokratische Republik	Bundesrepublik Deutschland
Michael Kohl	*Egon Bahr*

Quelle: Völkerrecht Dokumente Teil 3, Berlin 1973, Seiten 1377 bis 1379.

Anlage 1 A Zusatzprotokoll zu Artikel 3 GLV [42]

„Die Deutsche Demokratische Republik und die Bundesrepublik Deutschland kommen überein, eine Kommission aus Beauftragten der Regierungen beider Staaten zu bilden. Sie wird die Markierung der zwischen den beiden Staaten bestehenden Grenze überprüfen, und soweit erforderlich, erneuern oder ergänzen sowie die erforderlichen Dokumentationen über den Grenzverlauf erarbeiten. Gleichermaßen wird sie zur Regelung sonstiger mit dem Grenzverlauf im Zusammenhang bestehender Probleme, zum Beispiel der Wasserwirtschaft, der Energieversorgung und der Schadensbekämpfung, beitragen.

Die Kommission nimmt nach Unterzeichnung des Vertrages ihre Arbeit auf."

-

...

[42] Dieses Protokoll wurde in der Anlage 1 als *„eine Erklärung* beider Delegationsleiter zu Protokoll über die Aufgaben der Grenzkommission" vom BVerfG nur erwähnt.

Anlage 1 B

Artikel 23 Verkehrsvertrag vom 26. Mai 1972[43] mit Protokollvermerk zu Artikel 23

Artikel 23

Die Vertragsstaaten gewährleisten einen reibungslosen Binnenschiffsverkehr auf dem Abschnitt zwischen Kilometer 472,6 bis Kilometer 566,3 der Elbe.

Protokollvermerk zu Artikel 23:

1. Zwischen der Deutschen Demokratischen Republik und der Bundesrepublik Deutschland besteht Übereinstimmung, daß ihre zuständigen Organe beziehungsweise Behörden über Arbeiten zur Erhaltung eines ordnungsgemäßen Zustandes für den Wasserabfluß und die Erhaltung der Schiffahrt auf der Elbe zwischen Kilometer 472,6 und Kilometer 566,3, wie zum Beispiel Längs- und Querpeilungen, Abflußmessungen, Baggerungen zur Beseitigung von Untiefen und die e Beseitigung von Schiffahrtshindernissen, rechtzeitig vorher informieren. Eisaufbruch sowie Kennzeichnung des Fahrwassers werden in beiderseitiger Abstimmung durchgeführt.
2. Das Fahrwasser, die Strombauwerke und Hafeneinfahrten auf diesem Abschnitt der Elbe werden entsprechend der bisherigen Praxis gekennzeichnet. Dabei gehen beide Seiten von dem Zustand im Zeitpunkt der Unterzeichnung dieses Vertrages aus. Eine Änderung der Bezeichnung bedarf der Abstimmung zwischen ihren zuständigen Organen beziehungsweise Behörden.
3. Bei Unfällen und Havarien in diesem Abschnitt der Elbe werden die Untersuchung und die Ausfertigung der Protokolle von den zuständigen Aufsichts- und Kontrollorganen beziehungsweise Behörden desjenigen Vertragsstaates vorgenommen, dessen Binnenschiff am Unfall oder an der Havarie beteiligt ist. Sind Binnenschaffe beider Vertragsstaaten am Unfall oder an der Havarie beteiligt, werden ihre zuständigen Organe beziehungsweise Behörden die Untersuchung gesondert vornehmen und die Protokolle austauschen.
4. Binnenschiffe der Deutschen Demokratischen Republik, die auf diesem Grenzstreckenabschnitt der Elbe im Binnenverkehr zwischen Häfen der Deutschen Demokratischen Republik eingesetzt sind, werden mit einer besonderen Flagge gekennzeichnet und unterliegen nicht der Grenzabfertigung durch Behörden der Bundesrepublik Deutschland.

---

[43] GBl. der DDR, Teil I, 1972, Nr. 17

Anlage 2 Londoner Protokoll 1944/1945

I.

Protokoll vom 12. September 1944 zwischen der Regierung der Vereinigten Staaten von Amerika, der Regierung des Vereinigten Königreichs und der Regierung der Union der Sozialistischen Sowjetrepubliken über die Besatzungszonen in Deutschland und die Verwaltung von Groß-Berlin (Londoner Protokoll)

(Übersetzung)

Die Regierungen der Vereinigten Staaten von Amerika, des Vereinigten Königreichs von Großbritannien und Nord-Irland und der Union der Sozialistischen Sowjetrepubliken haben folgendes Abkommen im Hinblick auf die Ausführung des Artikels 11 der Urkunde der bedingungslosen Kapitulation Deutschlands geschlossen:

1. Deutschland wird innerhalb seiner Grenzen, wie sie am 31. Dezember 1937 bestanden, zum Zwecke der Besetzung in drei Zonen eingeteilt, von denen je eine einer der drei Mächte zugewiesen wird, und ein besonderes Berliner Gebiet, das der gemeinsamen Besatzungshoheit der drei Mächte unterworfen wird.

2. Die Grenzen der drei Zonen und des Berliner Gebietes und die Verteilung der drei Zonen unter die USA, das UK und die UdSSR werden wie folgt festgelegt:

Ostzone (wie in der beigefügten Karte »A«[1] ersichtlich)

Das Gebiet Deutschlands (einschließlich der Provinz Ostpreußen), das östlich der Linie liegt, die ihren Anfang nimmt an dem Punkt in der Bucht von Lübeck, an dem die Grenzen von Schleswig-Holstein und Mecklenburg zusammentreffen, entlang der Westgrenze von Mecklenburg zur Grenze der Provinz Hannover verläuft und weiter entlang der Ostgrenze von Hannover zur Grenze von Braunschweig, entlang der Westgrenze der preußischen Provinz Sachsen zur Westgrenze Anhalts, entlang der Westgrenze Anhalts, entlang der Westgrenze der preußischen Provinz Sachsen und der Westgrenze Thüringens, bis diese auf die Grenze Bayerns stößt und dann entlang der Nordgrenze Bayerns bis zur Grenze der Tschechoslowakei vom Jahre 1937 führt, wird von den Streitkräften der UdSSR besetzt, mit Ausnahme des Gebietes Berlin, wofür nachstehend eine Sonderform der Besatzung festgesetzt wird.

Nordwest-Zone (wie in der beiliegenden Karte »A«[1] ersichtlich)

Das Gebiet Deutschlands, das westlich der oben bezeichneten Linie liegt und im Süden von einer Linie begrenzt wird, die von dem Treffpunkt der Westgrenze von Thüringen mit der Grenze Bayerns westwärts entlang der Südgrenzen der preußischen Provinzen Hessen-Nassau und Rheinprovinz bis dahin gezogen ist, wo die letztere auf die Grenzen Frankreichs trifft, wird besetzt von den Streitkräften (von) …

Südwest-Zone (wie in der beiliegenden Karte »A«[1] ersichtlich)

Das restliche Gebiet Westdeutschlands, das südlich der in der Beschreibung der Nordwest-Zone festgelegten Linie liegt, wird besetzt von Streitkräften (von) …

Die Grenzen der Länder und Provinzen innerhalb Deutschlands, auf die in den vorstehenden Beschreibungen der Zonen verwiesen wurde, sind diejenigen, die nach Inkrafttreten der Verordnung vom 25. Juni 1941 (veröffentlicht im Reichsgesetzblatt Teil I Nr. 72 vom 3. Juli 1941) bestanden haben.

Gebiet Berlin (wie in den beiliegenden 4 Blättern der Karte »B«[1] ersichtlich)

Das Gebiet Berlin (unter diesem Ausdruck wird das Gebiet von Groß-Berlin im Sinne des Gesetzes vom 27. April 1920 verstanden) wird gemeinsam von den durch die entsprechenden Oberkommandierenden dazu bestimmten Streitkräften der USA, des UK und der UdSSR besetzt. Zu diesem Zweck wird das Gebiet von Groß-Berlin in die folgenden drei Teile eingeteilt:

Nordöstlicher Teil Groß-Berlins (Bezirke Pankow, Prenzlauer Berg, Mitte, Weißensee, Friedrichshain, Lichtenberg, Treptow, Köpenick) wird besetzt von den Streitkräften der UdSSR;

Nordwestlicher Teil Groß-Berlins (Bezirke Reinickendorf, Wedding, Tiergarten, Charlottenburg, Spandau, Wilmersdorf) wird besetzt von den Streitkräften (von) …

Südlicher Teil Groß-Berlins (Bezirke Zehlendorf, Steglitz, Schöneberg, Kreuzberg, Tempelhof, Neukölln) wird besetzt von den Streitkräften (von) …

Die Grenzen der Bezirke innerhalb Groß-Berlins, auf die in den vorhergehenden Beschreibungen verwiesen wurde, sind diejenigen, die nach Inkrafttreten der am 27. März 1938 veröffentlichten Satzung (Amtsblatt der Reichshauptstadt Berlin Nr. 13 vom 27. März 1938, Seite 215) bestanden.

3. Die Besatzungsstreitkräfte in jeder der drei Zonen, in die Deutschland eingeteilt wird, unterstehen einem Oberbefehlshaber, der von der Regierung desjenigen Landes, dessen Streitkräfte die betreffende Zone besetzen, bestimmt wird.

4. Jede der drei Mächte kann nach ihrem Ermessen in die für Besatzungspflichten zugewiesenen Streitkräfte unter dem Kommando ihres Oberbefehlshabers Hilfskontingente von Streitkräften anderer alliierter Mächte, die an militärischen Operationen gegen Deutschland teilgenommen haben, einbeziehen.

5. Eine Interalliierte Regierungsbehörde (Komendatura), bestehend aus drei von ihren entsprechenden Oberbefehlshabern ernannten Kommandanten, wird zur gemeinsamen Leitung der Verwaltung des Gebietes Groß-Berlin errichtet.

6. Dieses Protokoll ist in dreifacher Ausfertigung in englischer und russischer Sprache abgefaßt. Beide Texte sind authentisch. Das Protokoll tritt bei Unterzeichnung der Ur-

1 Die Karten sind nicht abgedruckt, vgl. S. 6

kunde der bedingungslosen Kapitulation durch Deutschland in Kraft.

Der obige Text des Protokolls zwischen den Regierungen der Vereinigten Staaten von Amerika, des Vereinigten Königreichs und der Union der Sozialistischen Sowjetrepubliken über die Besatzungszonen von Deutschland und die Verwaltung von Groß-Berlin ist von der Europäischen Beratenden Kommission bei der am 12. September 1944 abgehaltenen Sitzung ausgearbeitet und einstimmig angenommen worden mit Ausnahme der Verteilung der nordwestlichen und der südwestlichen Besatzungszonen in Deutschland und der nordwestlichen und südlichen Teile Groß-Berlins, die einer weiteren Prüfung und eines weiteren Übereinkommens der USA, des UK und der UdSSR bedarf.

Vertreter der Regierung der USA bei der
Europäischen Beratenden Kommission
John G. Winant

Vertreter der Regierung des UK bei der
Europäischen Beratenden Kommission
William Strang

Vertreter der Regierung der UdSSR bei der
Europäischen Beratenden Kommission
F. T. Gusev

Lancaster House, London, S.W. 1
den 12. September 1944

Abkommen vom 14. November 1944 zwischen der Regierung der Vereinigten Staaten von Amerika, der Regierung des Vereinigten Königreichs und der Regierung der Union der Sozialistischen Sowjetrepubliken über Ergänzungen zum Protokoll vom 12. September 1944 über die Besatzungszonen in Deutschland und die Verwaltung von Groß-Berlin

(Übersetzung)

1. Anstelle der Beschreibung der Nordwest-Zone, wie sie im Absatz 2 des vorerwähnten Protokolls steht, tritt folgende Beschreibung der Nordwest-Zone:

»**Nordwest-Zone** (wie in der beiliegenden Karte «C»[1] ersichtlich)

Das Gebiet Deutschlands, das sich westlich der als Grenze der Ostzone beschriebenen Linie befindet und im Süden durch eine Linie begrenzt wird, die an dem Punkt beginnt, wo die Grenze zwischen den preußischen Provinzen Hannover und Hessen-Nassau die Westgrenze der preußischen Provinz Sachsen trifft und von hier ab der Südgrenze der Provinz Hannover entlang, weiter entlang der nordwestlichen, westlichen und südlichen Grenzen von Hessen-Nassau bis zu dem Punkt verläuft, wo der Rhein die letztere verläßt, von da ab in der Mitte der Schiffahrtsrinne des Rheins bis zu dem Punkt, wo dieser Hessen-Darmstadt verläßt, von hier der Westgrenze Badens entlang bis zu jenem Punkt, wo diese Grenze zur deutsch-französischen Grenze wird, wird von den Streitkräften des Vereinigten Königreiches besetzt.«

2. Anstelle der Beschreibung der Südwest-Zone, wie sie im Absatz 2 des vorerwähnten Protokolls steht, tritt folgende Beschreibung der Südwest-Zone:

»**Südwest-Zone** (wie in der beiliegenden Karte «C»[1] ersichtlich)

Das Gebiet Deutschlands, das sich im Süden einer Linie befindet, die am Treffpunkt der Grenzen von Sachsen, Bayern und der Tschechoslowakei beginnt und entlang der Nordgrenze von Bayern zu dem Punkt führt, wo die Grenzen von Hessen-Nassau, Thüringen und Bayern zusammentreffen, von hier aus nordwärts, westwärts und südwärts entlang der östlichen, nördlichen, westlichen und südlichen Grenze Hessen-Nassaus bis zu dem Punkt verläuft, an dem der Rhein die südlichen Grenzen von Hessen-Nassau verläßt, von da ab südwärts in der Mitte der Schiffahrtsrinne des Rheins bis zu dem Punkte, wo dieser Hessen-Darmstadt verläßt, dann der westlichen Grenze Badens entlang bis zu jenem Punkt, wo diese zur deutsch-französischen Grenze wird, wird von den Streitkräften der Vereinigten Staaten von Amerika besetzt.«

3. Der nachstehende zusätzliche Absatz wird nach der Beschreibung der Südwest-Zone eingefügt:

»Um die Verbindungen zwischen der Südwest-Zone und der See zu erleichtern, wird der Oberkommandierende der Streitkräfte der Vereinigten Staaten in der Südwest-Zone

a) diejenige Kontrolle über die Häfen von Bremen und Bremerhaven einschließlich der in deren Nähe gelegenen benötigten Hafengebiete ausüben, die nach einem künftigen Übereinkommen zwischen den Militärbehörden Großbritanniens und der Vereinigten Staaten für notwendig erachtet werden, um seinen Belangen zu genügen,

b) die Erleichterungen im Durchgangsverkehr durch die Nordwest-Zone erhalten, die nach einem künftigen Übereinkommen zwischen den Militärbehörden Großbritanniens und der Vereinigten Staaten für notwendig erachtet werden, um seinen Belangen zu genügen.«

4. Am Ende der Beschreibung des nordwestlichen Teiles von »Groß-Berlin«, die im Absatz 2 des vorerwähnten Protokolls gegeben wird, sind folgende Worte einzufügen:

»des Vereinigten Königreiches«.

5. Am Ende der Beschreibung des südlichen Teiles von »Groß-Berlin«, die im Absatz 2 des vorerwähnten Protokolls gegeben wird, sind die folgenden Worte einzufügen:

»der Vereinigten Staaten von Amerika«.

6. Im englischen Text des Unterabschnitts zu Absatz 2 des vorerwähnten Protokolls, der mit den Worten beginnt »Die Grenzen der Länder und Provinzen«, sollen die Worte »descriptions to the zones« lauten: »descriptions of the zones«.

Der obige Text des Abkommens über Ergänzungen zum Protokoll vom 12. September 1944 zwischen den Regierungen der Vereinigten Staaten von Amerika, des Vereinigten Königreiches und der Union der Sozialistischen Sowjetrepubliken über die Besatzungszonen in Deutschland und die

1 Die Karte ist nicht abgedruckt, vgl. S. 6

Verwaltung von Groß-Berlin ist von der Europäischen Beratenden Kommission in der Sitzung vom 14. November 1944 abgefaßt und einstimmig gebilligt worden.

Für den Vertreter der Regierung
der Vereinigten Staaten von Amerika in der
Europäischen Beratenden Kommission:
Philip E. Mosely

Der Vertreter der Regierung
des Vereinigten Königreiches in der
Europäischen Beratenden Kommission:
William Strang

Der Vertreter der Regierung
der Union der Sozialistischen Sowjetrepubliken
in der Europäischen Beratenden Kommission:
F. T. Gusev

Lancaster House, London, S.W. 1
14. November 1944.

Abkommen vom 26. Juli 1945 zwischen der Regierung der Vereinigten Staaten von Amerika, der Regierung der Union der Sozialistischen Sowjetrepubliken, der Regierung des Vereinigten Königreichs und der Vorläufigen Regierung der Französischen Republik über Ergänzungen zum Protokoll vom 12. September 1944 über die Besatzungszonen in Deutschland und die Verwaltung von Groß-Berlin

(Übersetzung)

Nachdem die Regierungen der Vereinigten Staaten von Amerika, der Union der Sozialistischen Sowjetrepubliken und des Vereinigten Königreiches die Vorläufige Regierung der Französischen Republik gemäß der am 12. Februar 1945 verlautbarten Entscheidung der Krim-Konferenz eingeladen haben, an der Besetzung Deutschlands teilzunehmen,

Sind die Regierungen der Vereinigten Staaten von Amerika, der Union der Sozialistischen Sowjetrepubliken und des Vereinigten Königreiches und die Vorläufige Regierung der Französischen Republik übereingekommen, das Protokoll vom 12. September 1944 zwischen den Regierungen der Vereinigten Staaten von Amerika, der Union der Sozialistischen Sowjetrepubliken und des Vereinigten Königreiches über die Besatzungszonen in Deutschland und die Verwaltung von Groß-Berlin zu ändern und zu ergänzen
und haben folgendes Übereinkommen erzielt:

1. In der Präambel des Protokolls vom 12. September 1944 werden der Aufzählung der teilnehmenden Regierungen die Worte »und die Vorläufige Regierung der Französischen Republik« hinzugefügt.

2. In Artikel 1 des obengenannten Protokolls wird »drei« durch »vier« in den Wortverbindungen »drei Zonen«, »drei Mächte« und »drei Mächte« ersetzt.

3. In dem ersten Absatz des Artikels 2 des obengenannten Protokolls wird der Aufzählung der teilnehmenden Mächte »und die Französische Republik« hinzugefügt; »drei« wird durch »vier« ersetzt in den Wortverbindungen »drei Zonen« und »drei Zonen«.

4. An die Stelle der in Artikel 2 des obengenannten Protokolls enthaltenen Beschreibung der Nordwest-Zone tritt die folgende Beschreibung der Nordwest-Zone:

»**Nordwest-Zone** (Vereinigtes Königreich) (wie in der anliegenden Karte «D»[1] ersichtlich)

> Das Gebiet Deutschlands, das westlich der in der Beschreibung der Ost-(Sowjet-)Zone bestimmten Linie liegt und im Süden von einer Linie begrenzt wird, die von dem Treffpunkt der Grenze zwischen den preußischen Provinzen Hannover und Hessen-Nassau mit der Westgrenze der preußischen Provinz Sachsen beginnt und von dort aus entlang der südlichen Grenze von Hannover, der südöstlichen und südwestlichen Grenzen der preußischen Provinz Westfalen und entlang der südlichen Grenzen der preußischen Regierungsbezirke Köln und Aachen bis zu dem Punkt verläuft, wo diese Grenze auf die deutsch-belgische Grenze trifft, wird von den Streitkräften des Vereinigten Königreiches besetzt.«

5. An die Stelle der in Artikel 2 des obengenannten Protokolls enthaltenen Beschreibung der Südwest-Zone tritt die folgende Beschreibung der Südwest-Zone:

»**Südwest-Zone** (Vereinigte Staaten) (wie in der anliegenden Karte «D»[1] ersichtlich)

> Das Gebiet Deutschlands, das südlich und östlich der Linie liegt, die an dem Treffpunkt der Grenzen Sachsens, Bayerns und der Tschechoslowakei beginnt, von dort aus westwärts entlang der Nordgrenze von Bayern bis zu deren Zusammentreffen mit den Grenzen Hessen-Nassaus und Thüringens und dann nord- und westwärts an der Ost- und Nordgrenze von Hessen-Nassau entlang bis zu dem Punkt verläuft, an dem die Grenze des Dillkreises auf die Grenze des Oberwesterwaldkreises trifft, dann entlang der Westgrenze des Dillkreises, der Nordwestgrenze des Oberlahnkreises, der Nord- und Westgrenze des Kreises Limburg an der Lahn, der Nordwestgrenze des Untertaunuskreises und der Nordgrenze des Rheingaukreises, dann süd- und ostwärts entlang der West- und Südgrenze von Hessen-Nassau bis zu dem Punkt, an dem der Rhein die Südgrenze von Hessen-Nassau verläßt, dann südwärts entlang der Mitte der Schiffahrtsrinne des Rheins bis zu dem Punkt, an dem dieser Hessen-Darmstadt verläßt, dann entlang der Westgrenze von Baden bis zu dem Punkt, an dem die Grenze des Kreises Karlsruhe auf die Grenze des Kreises Rastatt trifft, dann südostwärts entlang der Südgrenze des Kreises Karlsruhe, dann nordostwärts und südostwärts entlang der Ostgrenze von Baden

1 Die Karte ist nicht abgedruckt, vgl. S. 6

eine südwestliche Zone den Vereinigten Staaten von Amerika;

eine westliche Zone Frankreich.

Die Besatzungstruppen in jeder Zone unterstehen einem von der verantwortlichen Macht bestimmten Oberbefehlshaber. Jede der vier Mächte darf nach ihrem Ermessen in die unter dem Befehl ihres Oberbefehlshabers stehenden Besatzungstruppen Hilfsverbände aus den Streitkräften irgendeiner anderen alliierten Macht, welche an den militärischen Operationen gegen Deutschland aktiv beteiligt war, aufnehmen.

2. Das Gebiet von Groß-Berlin wird von Truppen einer jeden der vier Mächte besetzt. Zwecks gemeinsamer Leitung der Verwaltung dieses Gebietes wird eine interalliierte Behörde (russisch: Komendatura) errichtet, welche aus vier von den entsprechenden Oberbefehlshabern ernannten Kommandanten besteht.

Quelle: Die Grenzkommission. Eine Dokumentation über Grundlagen und Tätigkeit. Herausgegeben: Bundesministerium für innerdeutsche Beziehungen, ohne Jahr (Dezember 1978), Seiten 7 bis 11.

Anlage 3 Seegrenze DDR/BRD

GESETZBLATT

der Deutschen Demokratischen Republik

437

1974	Berlin, den 30. Juli 1974	Teil II Nr. 22

**Bekanntmachung
über die Unterzeichnung des Protokollvermerkes
über den Verlauf der Grenze
zwischen den Territorialgewässern
der Deutschen Demokratischen Republik
und den Territorialgewässern
der Bundesrepublik Deutschland
sowie der Vereinbarung zwischen der
Regierung der Deutschen Demokratischen Republik
und der Regierung der Bundesrepublik Deutschland
über den Fischfang in einem Teil der Territorialgewässer
der Deutschen Demokratischen Republik
in der Lübecker Bucht**

vom 2. Juli 1974

Hierdurch wird bekanntgemacht, daß am 29. Juni 1974 in Berlin die nachstehend veröffentlichten Vereinbarungen zwischen der Regierung der Deutschen Demokratischen Republik und der Regierung der Bundesrepublik Deutschland unterzeichnet wurden.

Beide Vereinbarungen treten entsprechend ihrer Ziffer 2 bzw. ihrem Artikel 6 am 1. Oktober 1974 in Kraft.

Berlin, den 2. Juli 1974

**Der Leiter
des Büros des Ministerrates**

Dr. Rost
Staatssekretär

Protokollvermerk
über den Verlauf der Grenze
zwischen den Territorialgewässern
der Deutschen Demokratischen Republik
und den Territorialgewässern
der Bundesrepublik Deutschland

Die Regierung der Deutschen Demokratischen Republik und die Regierung der Bundesrepublik Deutschland stellen fest, daß zwischen ihnen Übereinstimmung in folgendem besteht:

1. Die Grenze zwischen der Deutschen Demokratischen Republik und der Bundesrepublik Deutschland nimmt ihren Anfang am Endpunkt der landwärtigen Grenze zwischen der Deutschen Demokratischen Republik und der Bundesrepublik Deutschland mit den Koordinaten 53°57'30" N, 10°54'18" O und verläuft von dort aus über die durch Koordinaten bestimmten Punkte

   A 53°57'55" N, 10°54'18" O

   B 53°59'38" N, 10°56'50" O

   C 54°02'36" N, 11°00'36" O

   bis zum Punkt mit den Koordinaten

   D 54°03'32" N, 11°02'45" O.

   Der Verlauf der Grenze ist in der beigefügten Karte verzeichnet.*

2. Beide Seiten werden beginnend mit dem 1. Oktober 1974 in ihren praktischen Maßnahmen von dem in Ziffer 1 beschriebenen Grenzverlauf ausgehen.

3. Der Grenzverlauf zwischen der Deutschen Demokratischen Republik und der Bundesrepublik Deutschland, wie er in Ziffer 1 beschrieben ist, wird entsprechend dem Artikel 12 Absatz 2 der Konvention über die Territorialgewässer und die Anschlußzone vom 29. April 1958 unverzüglich in Karten großen Maßstabes eingetragen, die amtlich anerkannt sind.

4. Dieser Protokollvermerk wird Bestandteil der die Arbeit der Grenzkommission abschließenden Dokumente.

Berlin, den 29. Juni 1974

Für die Regierung der Deutschen Demokratischen Republik	**Für die Regierung der Bundesrepublik Deutschland**
Kormes	Dr. Pagel

* Die kartographische Darstellung des Grenzverlaufs und die Veröffentlichung erfolgen entsprechend Ziffer 3.

Vereinbarung
zwischen der
Regierung der Deutschen Demokratischen Republik
und der
Regierung der Bundesrepublik Deutschland
über den Fischfang
in einem Teil der Territorialgewässer
der Deutschen Demokratischen Republik
in der Lübecker Bucht

Artikel 1

Durch die Regierung der Deutschen Demokratischen Repu blik ist bis zu 110 Lübecker Stadtfischern aus der Bundes republik Deutschland (im folgenden Fischereiausübungsbe rechtigte genannt) die Ausübung des Fischfangs in einem Te der Territorialgewässer der Deutschen Demokratischen Repu blik nach Maßgabe dieser Vereinbarung gestattet.

Artikel 2

(1) Das Gebiet (im folgenden Seegebiet genannt) wird i Westen und Nordwesten bis zum Punkt mit den Koordinat 53°59'10" N und 10°56'07" O durch die Grenze zwischen d Deutschen Demokratischen Republik und der Bundesrepubl Deutschland und im Osten durch die Verbindungslinie zw schen dem bezeichneten Punkt und der Mündung der Harke bäk begrenzt.

(2) Der Aufenthalt zum Zweck des Fischfangs in dem Se gebiet ist den Fischereiausübungsberechtigten von Sonnenau gang bis Sonnenuntergang, in der Zeit vom 1. Juni bis 30. Se tember und zum Bergen von Fanggeräten bei Sturm u schwerer See auch außerhalb dieser Zeit, gestattet.

(3) Der Fischfang wird nur vom schwimmenden Fahrze aus ausgeübt. Das Betreten des flachen Wassers und des Uf ist grundsätzlich nicht gestattet. Ausnahmen sind nur a Gründen der Seenot, bei klarer Sicht in der Zeit von ei Stunde nach Sonnenaufgang bis zu einer Stunde vor Sonne untergang auch zum Bergen abgetriebener Fanggeräte gest tet.

Artikel 3

Die Fischereiausübungsberechtigten, die mit ihren Fa zeugen in das Seegebiet zum Zweck des Fischfangs einlau oder von dort zurückkehren, überqueren die Grenze Deutschen Demokratischen Republik in dem Abschnitt, durch den Punkt mit den Koordinaten 53°57'55" N, 10°54'18 und der südlichen Begrenzung des Seegebietes gebildet w

Artikel 4

(1) Das Visum zur Ein- und Ausreise zum Zweck des Fischfangs in dem Seegebiet wird den Fischereiausübungsberechtigten auf Antrag durch das zuständige Organ der Deutschen Demokratischen Republik erteilt. Der Antrag wird dem zuständigen Organ der Deutschen Demokratischen Republik durch die Ständige Vertretung der Bundesrepublik Deutschland zugeleitet.

(2) Bei schwerwiegender Verletzung der Vereinbarung oder der Bestimmungen über die Küstenfischerei in den Territorialgewässern der Deutschen Demokratischen Republik kann bei wiederholter Nichtbeachtung der Aufforderung zur Einhaltung dieser Bestimmungen das Visum gemäß Ziffer 1 vorübergehend oder dauernd entzogen werden. Ein vorübergehender oder dauernder Entzug des Visums kann auch bei schwerwiegenden Fällen der Verletzung dieser Vereinbarung für Zwecke, die nicht mit dem Fischfang im Zusammenhang stehen, erfolgen.

(3) Ein Verzeichnis der Fischereifahrzeuge, die von den Fischereiausübungsberechtigten zum Fischfang in dem Seegebiet benutzt werden, wird auf dem in Ziffer 1 festgelegten Weg übergeben.

Artikel 5

(1) Für den Fischfang gelten die Bestimmungen der Deutschen Demokratischen Republik über die Küstenfischerei in den Territorialgewässern der Deutschen Demokratischen Republik. Eisfischen ist nicht gestattet.

(2) Die Deutsche Demokratische Republik unterrichtet die Bundesrepublik Deutschland rechtzeitig über die in Ziffer 1 genannten Bestimmungen, soweit sie nicht bezüglich der Kennzeichnung der für den Fischfang in diesem Seegebiet benutzten Fischereifahrzeuge und Fanggeräte in der als Anlage zu dieser Vereinbarung beigefügten Erklärung der Deutschen Demokratischen Republik mitgeteilt sind.

Artikel 6

(1) Diese Vereinbarung tritt am 1. Oktober 1974 in Kraft.

(2) Die Vereinbarung wird für die Dauer von 20 Jahren geschlossen. Ihre Gültigkeit verlängert sich jeweils um 10 Jahre, sofern sie nicht 1 Jahr vor Ablauf der Gültigkeitsdauer gekündigt wird.

Geschehen in Berlin am 29. Juni 1974 in zwei Urschriften.

Für die Regierung der Deutschen Demokratischen Republik	Für die Regierung der Bundesrepublik Deutschland
Kormes	Dr. Pagel

Erklärung
der Regierung der Deutschen Demokratischen Republik
zu Protokoll zur Vereinbarung zwischen
der Regierung der Deutschen Demokratischen Republik
und der Regierung der Bundesrepublik Deutschland
über den Fischfang
in einem Teil der Territorialgewässer
der Deutschen Demokratischen Republik
in der Lübecker Bucht

1. **Zu Artikel 2, Ziffer 3:**

Der Tiefgang der für den Fischfang in dem Seegebiet benutzten Fahrzeuge darf nicht weniger als 0,5 m betragen.

2. **Zu Artikel 4, Ziffern 1 und 2:**

Die Beantragung des Visums zur Ein- und Ausreise zum Zweck des Fischfangs erfolgt über die Ständige Vertretung der Bundesrepublik Deutschland in der Deutschen Demokratischen Republik an das Ministerium für Auswärtige Angelegenheiten der Deutschen Demokratischen Republik. Die Beantragung erfolgt für bis zu fünf Personen mit Einzelanträgen, für mehr als fünf Personen auf Sammelliste in zweifacher Ausfertigung.

Die Einzelanträge sowie die Sammelliste haben folgende Angaben zu enthalten:

Name, Vorname, Geburtsdatum, Geburtsort, Wohnanschrift, Nummer des Reisepasses. Zur selbständigen Ausübung des Fischfangs berechtigt: Ja/nein.

Der Reisepaß ist bei der Beantragung vorzulegen. Das Visum wird auf einer Anlage zum Reisepaß mit einer Gültigkeit von einem Jahr erteilt. Die Verlängerung der Gültigkeit des Visums ist vor Fristablauf zu beantragen.

Bei Verstößen kann das Visum in Ausnahmefällen durch Kontrollorgane der Deutschen Demokratischen Republik unmittelbar eingezogen werden. Grundsätzlich wird der Entzug des Visums der Ständigen Vertretung der Bundesrepublik Deutschland in der Deutschen Demokratischen Republik mitgeteilt.

3. **Zu Artikel 4, Ziffer 3:**

Das Verzeichnis der Fischereifahrzeuge, die von den Fischereiausübungsberechtigten zum Fischfang in dem Seegebiet benutzt werden, hat folgende Angaben zu enthalten:

Typ des Fahrzeugs, Länge über alles, Tiefgang, Antriebsart, Fischereikennzeichen des Fahrzeugs (Heimathafen, Nummer) und gegebenenfalls Name; Besatzungsstärke, Eigner.

4. Zu Artikel 5, Ziffer 2:

Das Aufstellen der Fanggeräte hat so zu erfolgen, daß Kontrollen am unmittelbaren Verlauf der Grenze und Arbeiten zur Unterhaltung der Kennzeichnung nicht behindert werden.

Die ohne Beisein des Fischereiausübungsberechtigten zum Fischfang ausliegenden Fanggeräte sind oberhalb der Wasserfläche an Startpfählen, Bojen und Schweken durch Tafeln zu kennzeichnen. Diese Tafeln müssen mindestens 300 mm lang und 100 mm breit sein und in gut lesbarer Schrift den Namen des Eigners und das Fischereikennzeichen des Fahrzeuges enthalten.

Die Tafeln sind bei Kumm- und Bügelreusen am Startpfahl, bei den Stellnetzen und Angeln auch in kleineren Abmessungen als angegeben auf den Schwimmern oder an den Bojenstangen anzubringen.

Festverankerte Netze und Angeln sind an jedem Ende mit einer 1,5 m über die Wasseroberfläche herausragenden Boje zu kennzeichnen. Am äußersten Ende dieser Bojen sind je zwei schwarze rechteckige Fähnchen in der Mindestabmessung von 300 mm × 200 mm übereinander anzubringen.

Bei der Stellnetzfischerei ist darüber hinaus jedes fünfte Netz mit einer gleichlangen Boje zu kennzeichnen. An dem äußersten Ende ist ein schwarzes rechteckiges Fähnchen in der Mindestabmessung 300 mm × 200 mm anzubringen.

Die Fischereifahrzeuge führen bei Tag den Zahlenwimpel 7 des Internationalen Signalbuches, nachts oder bei schlechter Sicht 2 feste Gelblichter übereinander.

Herausgeber: Büro des Ministerrates der Deutschen Demokratischen Republik, 102 Berlin, Klosterstraße 47 — Redaktion: 102 Berlin, Klosterstr. 47, Telefon: 209 36 22 — Veröffentlich unter Lizenz-Nr. 751 — Verlag: (610/62) Staatsverlag der Deutschen Demokratischen Republik, 108 Berlin, Otto-Grotewohl-Straße 17, Telefon: 209 45 01 — Erscheint nach Bedarf — Fortlaufender Bezug nur durch die Post — Bezugspreis: Vierteljährlich Teil I 2.50 M, Teil II 3.— M — Einzelabgabe bis zum Umfang von 8 Seiten 0,15 M, bis zum Umfang von 16 Seiten 0.25 M bis zum Umfang von 32 Seiten 0.40 M, bis zum Umfang von 48 Seiten 0,55 M je Exemplar, je weitere 16 Seiten 0,15 M mehr

Einzelbestellungen beim Zentral-Versand Erfurt, 501 Erfurt, Postschließfach 696. Außerdem besteht Kaufmöglichkeit nur bei Selbstabholung gegen Barzahlung (kein Versand) in der Buchhandlun für amtliche Dokumente, 108 Berlin, Neustädtische Kirchstraße 15, Telefon: 229 22 23

Gesamtherstellung: Staatsdruckerei der Deutschen Demokratischen Republik (Rollenoffsetdruck)

Index 31 81

Anlage 4 Inhaltsverzeichnis (**nichtamtlich**)

Bekanntmachung über die Unterzeichnung und das Inkrafttreten *des Protokolls vom 29. November 1978 zwischen der Regierung der DDR und der Regierung der BRD*[44] *über die Überprüfung, Erneuerung und Ergänzung der Markierung der zwischen der DDR und der BRD Deutschland bestehenden Grenze, die Grenzdokumentation und die Regelung sonstiger mit dem Grenzverlauf im Zusammenhang stehender Probleme vom 7. Dezember 1978(85)*[45]

Protokoll zwischen der Regierung der DDR und der Regierung der BRD über die Überprüfung, Erneuerung und Ergänzung der Markierung der zwischen der DDR und der BRD bestehenden Grenze, die Grenzdokumentation und die Regelung sonstiger mit dem Grenzverlauf im Zusammenhang stehender Probleme

Protokollvermerk zu Artikel 1 des Protokolls zwischen der Regierung der DDR und der Regierung der BRD über die Überprüfung, Erneuerung und Ergänzung der Markierung der zwischen der Deutschen Demokratischen Republik und der Bundesrepublik Deutschland bestehenden Grenze, die Grenzdokumentation und die Regelung sonstiger mit dem Grenzverlauf im Zusammenhang stehender Probleme (88)[46]

Anlage zum Protokollvermerk

Verzeichnis bisher zur Feststellung des Grenzverlaufs in den Grenzabschnitten 7 bis 9 – Elbe- und dem Grenzabschnitt 24 – Warme Bode- von Grenzpunkt 12 (24 c) bis Grenzpunkt Nummer 1 (24-d)- hergestellter Unterlagen (88)

[44] Grundsätzlich wird die Kurzbezeichnung beider Staaten benutzt.

[45] Die Zahlen in () geben die Seitenzahlen im GBl. an.

[46]

Anhänge zum Protokoll zwischen der Regierung der DDR und der Regierung der BRD über die Überprüfung, Erneuerung und Ergänzung der Markierung der zwischen der Deutschen Demokratischen Republik und der Bundesrepublik Deutschland bestehenden Grenze, die Grenzdokumentation und die Regelung sonstiger mit dem Grenzverlauf im Zusammenhang stehender Probleme (89 ff.)

Anhang I

Bericht der Grenzkommission gemäß Artikel 1(89 ff.) Anhang II Grenzdokumentation gemäß Artikel 2 (unveröffentlicht)

Anhang III

Grundsätze gemäß Artikel 4

Anlage 1

Verzeichnis der Sitzungen der Kommission aus Beauftragten der Regierung der DDR und der Regierung der BRD (91 f.)

Anlage 2

Verzeichnis der Mitglieder der Kommission aus Beauftragten der Regierung der DDR und der Regierung der BRD (92f.)

Anlage 3

Vereinbarung zwischen der Regierung der DDR und der Regierung der BRD über den Fischfang in einem Teil der Territorialgewässer der DDR in der Lübecker Bucht (93)

Erklärung der Regierung der DDR zu Protokoll zur Vereinbarung zwischen der Regierung der DDR und der

Regierung der BRD über den Fischfang in einem Teil der Territorialgewässer der DDR in der Lübecker Bucht (94)

Protokollvermerk zur Vereinbarung zwischen der Regierung der DDR und der Regierung der BRD über den Fischfang in einem Teil der Territorialgewässer der DDR in der Lübecker Bucht (94)

Protokollvermerk zur Vereinbarung zwischen der Regierung der DDR und der Regierung der BRD über den Fischfang in einem Teil der Territorialgewässer der DDR in der Lübecker Bucht (Dassower See) (94)

Vereinbarung zwischen der Regierung der DDR und der Regierung der BRD über den Betrieb, die Kontrolle und die Instandhaltung der auf dem Territorium der DDR gelegenen Teile der Trinkwasserversorgungsanlagen der Stadt Duderstadt (BRD) (vom 3. Februar 1976) (95)

Protokollvermerk zu Artikel 5 der Vereinbarung zwischen der Regierung der DDR und der Regierung der BRD über den Betrieb, die Kontrolle und die Instandhaltung der auf dem Territorium der DDR gelegenen Teile der Trinkwasserversorgungsanlagen der Stadt Duderstadt (BRD) (95)

Protokollvermerk (Anlage) DDR Gemeinden Ecklingerode und Brehme (95 f.)

Vereinbarung zwischen der Regierung der DDR und der Regierung der BRD über die Regelung von Fragen betreffend die Eckertalsperre und die Eckerfernwasserleitung (vom 3.5.1978) (97)

Protokollvermerk zur Vereinbarung zwischen der Regierung der DDR und der Regierung der BRD über die Regelung von Fragen betreffend die Eckertalsperre und die Eckerfernwasserleitung (98)

Erklärung der Regierung der BRD zur Vereinbarung zwischen der Regierung der DDR und der Regierung der BRD über die Regelung von Fragen betreffend die Eckertalsperre und die Eckerfernwasserleitung (99)

Vereinbarung zwischen der Regierung der DDR und der Regierung der BRD über die Regelung von Fragen, die mit der Errichtung und dem Betrieb eines Hochwasserrückhaltebeckens an der Itz zusammenhängen (vom 29. November 1979) (99 f.)

Protokollvermerk zu Artikel 5 Absatz 2 der Vereinbarung zwischen der Regierung der DDR und der Regierung der BRD über die Regelung von Fragen, die mit der Errichtung und dem Betrieb eines Hochwasserrückhaltebeckens an der Itz zusammenhängen (100)

Protokollvermerk zu Artikel 6 der Vereinbarung zwischen der Regierung der DDR und der Regierung der BRD über die Regelung von Fragen, die mit der Errichtung und dem Betrieb eines Hochwasserrückhaltebeckens an der Itz zusammenhängen (101)

Protokollvermerk über Betrieb, Wartung und Entstörung der Fernsprechleitungen zwischen den Grenzübergangsstellen (Grenzinformationspunkten) gemäß Absatz 3 Ziffer 2 der

Vereinbarung vom 20. September 1973 an der Grenze zwischen der BRD und der DDR(vom 5. Dezember 1973) (101)

Protokollvermerk über die Behandlung von Personen, die mit Sportbooten aus navigatorischen oder seemännischen Schwierigkeiten in die Territorialgewässer/das Küstenmeer des anderen Staaten geraten (vom 20. Juni 1974) (101 f.)

Protokollvermerk über das Umfahren der Hakendorfer Halbinsel in Niendorfer Binnensee durch Fischer aus der DDR und der Rethwiese im Schaal-See durch Fischer aus der BRD (vom 3. Juli 1974) (102)

Protokollvermerk über den Abbau des grenzüberschreitenden Braunkohlevorkommens im Raum Harbke (DDR)/Helmstedt (BRD) (vom 3. Juli 1974) (102)

Protokollvermerk über Fragen des Eigentums und sonstiger Rechte an Grundstücken im Zusammenhang mit der Überprüfung, Erneuerung und Ergänzung der Markierung des Verlaufs der Grenze zwischen der BRD und der DDR (vom 26. September 1974) (102 f.)

Protokollvermerk über Betrieb, Kontrolle und Instanthaltung der auf dem Territorium der DDR gelegenen Teile der Trinkwasserversorgungsanlage der Gemeinde Heringen, Ortsteil Kleinensee (BRD) (vom 3. Februar 1976) (103)

Anlage 1 Gemeinden auf Karte (104)

Anlage 2 (105)

Protokollvermerk über Verfahrensregeln bei wasserwirtschaftlichen Maßnahmen (vom 18.März 1976) (105)

Anlage: Verfahrensregeln für die Vorbereitung und Durchführung wasserwirtschaftlicher Maßnehmen im Rahmen der Vorabanwendung der „Vereinbarung zwischen der Regierung der DDR und der Regierung der BRD über Grundsätze zur Instandhaltung und zum Ausbau der Grenzgewässer sowie der dazugehörigen wasserwirtschaftlichen Anlagen“ vom 20. September 1973 in der Fassung vom 18. März 1976 (Verfahrensregeln- wasserwirtschaftliche Maßnahmen) (105 f.)

Protokollvermerk über die Beseitigung des im Bereich des Grundstückes „Zur Bergmühle“ (BRD) anfallenden Oberflächen-Wassers und gereinigten Abwassers vom 15. September 1977 (106 f.)

Protokollvermerk über die Generalüberholung des auf dem Territorium der DDR verlaufenden Abschnittes der Eckerfernwasserleitung (vom 3. Mai 1978) (107)

Anhang III zum Protokoll zwischen der Regierung der DDR und der Regierung der BRD über die Überprüfung, Erneuerung und Ergänzung der Markierung der zwischen der DDR und der BRD bestehenden Grenze, die Grenzdokumentation und die Regelung sonstiger mit dem Grenzverlauf im Zusammenhang stehender

Probleme. Vereinbarungen gemäß Artikel 3 (vom 20. September 1973) (108 f.)

Anlage zu der Vereinbarung über Grundsätze zur Schadensvereinbarung: Grenzinformationspunkte und Zuständigkeitsbereiche bei Schadensfällen (109)

Vereinbarung zwischen der Regierung der DDR und der Regierung der BRD über Grundsätze zur Instandhaltung und zum Ausbau der Grenzgewässer (vom 20. September 1973) (110)

Anlage zu der Vereinbarung über Grundsätze zur Instandhaltung und zum Ausbau der Grenzgewässer sowie der dazugehörigen wasserwirtschaftlichen Anlagen (111)

Protokollvermerk über den Austausch von Liegenschafts-/Kataster- und Vermessungsunterlagen (vom 6. Dezember 1973) (111)

Grundsätze für den Austausch von Liegenschafts-/Kataster- und Vermessungsunterlagen im Zusammenhang mit vollzogenen Gebietsänderungen an der Grenze zwischen der BRD und der DDR (111 f.)

Protokollvermerk über Informationen bei Hochwassergefahren gemäß der „Vereinbarung zwischen der Regierung der DDR und der Regierung der BRD über Grundsätze zur Schadensbekämpfung an der Grenze zwischen der DDR und der

BRD“ (Grundsätze zur Schadensbekämpfung vom 20. September 1973 (vom 11, Dezember 1975) (112 f.)

Protokollvermerk über forstwirtschaftliche Arbeiten in unmittelbarer Grenznähe (vom 3. Februar 1976) (113)

Protokollvermerk über Grenzwege und Wege im Grenzbereich (vom 3. Februar 1976) (113 f.)

Anlage Verzeichnis der Grenzwege (114 f.)

Protokollvermerk über Wasserentnahme aus den Grenzgewässern der DDR (vom 27. Oktober 1977) (115)

Anlage 1 Nutzung von Grenzgewässern der DDR durch die BRD zum Tränken von Vieh und zur Bewässerung der landwirtschaftlichen Flächen (116 f.)

Erklärung zum Protokollvermerk über die Wasserentnahme (117)

Protokollvermerk über den Abbau grenzüberquerender Energiefrei-leitungen vom 9. März 1978 (117)

Protokollvermerk über das Überfahren der Grenze durch Sportboote und andere Wasserfahrzeuge in Abschnitten der Grenzgewässer Werra und Saale (117 f.)

Protokollvermerk über den Betrieb von wasserwirtschaftlichen An-lagen (vom 14. September 1978) (118)

Anhang IV zum Protokoll zwischen der Regierung der DDR und der Regierung der BRD über die Überprüfung, Erneuerung und Ergänzung der Markierung der zwischen der DDR und der BRD bestehenden Grenze, die Grenzdokumentation und die Regelung sonstiger mit dem Grenzverlauf im Zusammenhang stehender Probleme (119 bis 122)

Anlage 1 Verfahrensweise bei der Überprüfung der Markierung und bei der Behebung festgestellter Mängel nach Ziffer 7 der Grundsätze gemäß Artikel 4 (122)

Anhang IV, Anlage 2 Blatt 1 Grenzstein (123)

Anmerkung: Siehe auch Titelblatt. Die Delegation der BRD in der Grenzkommission war, um ihren Rechtsstandpunkt zu wahren strikt dagegen, den Grenzstein auf beiden Seiten mit den Kürzeln beider Staaten zu versehen.

Anhang IV, Anlage 2 Blatt 2 Grenzpfahl (124)

Anhang IV, Anlage 2 Blatt 3 Grenzpfahl (rund) (125)

Anhang IV, Anlage 2 Blatt 4 Leuchttonne mit Flüssiggas-Druckfaß (300 kg) (126)

Anhang IV, Anlage 2 Blatt 5 Bakentonne (127)

Anhang IV, Anlage 2 Blatt 6 Kleintonne (128)

Anhang IV, Anlage 2 Blatt 7 Sichtzeichen (Richtbaken) (129)

Anhang IV, Anlage 2 Blatt 8 Grenzboje (130)

Anhang IV, Anlage 2 Blatt 9 Grenzboje im Schwarzmühlenteich (Grenzzug 2-c) (131)

Impressum (132)

Anlage 4 A Von der DDR veröffentlichte Dokumente der GK.

GESETZBLATT

der Deutschen Demokratischen Republik

85

1978	Berlin, den 28. Dezember 1978	Teil II Nr. 6

Bekanntmachung über die Unterzeichnung und das Inkrafttreten des Protokolls vom 29. November 1978 zwischen der Regierung der Deutschen Demokratischen Republik und der Regierung der Bundesrepublik Deutschland über die Überprüfung, Erneuerung und Ergänzung der Markierung der zwischen der Deutschen Demokratischen Republik und der Bundesrepublik Deutschland bestehenden Grenze, die Grenzdokumentation und die Regelung sonstiger mit dem Grenzverlauf im Zusammenhang stehender Probleme

vom 7. Dezember 1978

Am 29. November 1978 wurde in Bonn das nachstehend veröffentlichte Protokoll zwischen der Regierung der Deutschen Demokratischen Republik und der Regierung der Bundesrepublik Deutschland über die Überprüfung, Erneuerung und Ergänzung der Markierung der zwischen der Deutschen Demokratischen Republik und der Bundesrepublik Deutschland bestehenden Grenze, die Grenzdokumentation und die Regelung sonstiger mit dem Grenzverlauf im Zusammenhang stehender Probleme unterzeichnet.

Das Protokoll ist entsprechend der in ihm getroffenen Festlegung mit der Unterzeichnung am 29. November 1978 in Kraft getreten.

Berlin, den 7. Dezember 1978

Der Leiter des Sekretariats des Ministerrates

Dr. Kleinert
Staatssekretär

Protokoll zwischen der Regierung der Deutschen Demokratischen Republik und der Regierung der Bundesrepublik Deutschland über die Überprüfung, Erneuerung und Ergänzung der Markierung der zwischen der Deutschen Demokratischen Republik und der Bundesrepublik Deutschland bestehenden Grenze, die Grenzdokumentation und die Regelung sonstiger mit dem Grenzverlauf im Zusammenhang stehender Probleme

Die Regierung der Deutschen Demokratischen Republik und die Regierung der Bundesrepublik Deutschland

auf der Grundlage des Vertrages vom 21. Dezember 1972 über die Grundlagen der Beziehungen zwischen der Deutschen Demokratischen Republik und der Bundesrepublik Deutschland dementsprechend

in dem Bestreben, einen Beitrag zur Entspannung und Sicherheit in Europa zu leisten,

angesichts der Bedeutung, die der Lösung von Streitfragen ausschließlich mit friedlichen Mitteln, der Enthaltung von Gewaltandrohung oder Gewaltanwendung, der Unverletzlichkeit der zwischen der Deutschen Demokratischen Republik und der Bundesrepublik Deutschland bestehenden Grenze und der uneingeschränkten Achtung der territorialen Integrität beider Staaten zukommt,

geleitet von dem Wunsch, zum Wohle der Menschen die Entwicklung gutnachbarlicher Beziehungen zwischen beiden Staaten zu fördern,

stimmen wie folgt überein:

Artikel 1

(1) Die Markierung der zwischen der Deutschen Demokratischen Republik und der Bundesrepublik Deutschland bestehenden Grenze ist durch die Kommission aus Beauftragten der Regierung der Deutschen Demokratischen Republik und der Regierung der Bundesrepublik Deutschland (Grenzkommission) überprüft und, soweit erforderlich, erneuert oder ergänzt worden. Die erforderlichen Dokumentationen über den Grenzverlauf (Grenzdokumentation) sind erarbeitet worden. Gleichermaßen hat die Grenzkommission zur Regelung sonstiger mit dem Grenzverlauf im Zusammenhang stehender Probleme beigetragen.

(2) Für die Grenzabschnitte 7 bis 9 – Elbe – und einen Teil des Grenzabschnittes 24 – Warme Bode von Grenzpunkt Nummer 12 (24-c) bis Grenzpunkt Nummer 1 (24-d) – sind die Arbeiten zur Feststellung, Markierung und Dokumentation des Verlaufs der Grenze und hinsichtlich der Regelung sonstiger mit dem Grenzverlauf im Zusammenhang stehender Probleme noch nicht abgeschlossen. Sie werden fortgesetzt. Einzelheiten sind in dem beigefügten Protokollvermerk niedergelegt.

(3) Die Grenzkommission hat den Regierungen beider Staaten einen Bericht über ihre bisherigen Arbeiten vorgelegt, der diesem Protokoll als Anhang I beigefügt ist. Diese Arbeiten sind, wie in Abschnitt I des Zusatzprotokolls zum Vertrag vom 21. Dezember 1972 über die Grundlagen der Beziehungen zwischen der Deutschen Demokratischen Republik und der Bundesrepublik Deutschland und in der Erklärung zu Protokoll über die Aufgaben der Grenzkommission vereinbart, durchgeführt worden.

Artikel 2

(1) Der festgestellte Verlauf der zwischen der Deutschen Demokratischen Republik und der Bundesrepublik Deutschland bestehenden Grenze ist in der Grenzdokumentation im einzelnen niedergelegt. Die Grenze ist direkt oder indirekt durch Grenzzeichen (Grenzsteine, Grenzpfähle und sonstige Grenzzeichen) oder Hilfsgrenzzeichen (Tonnen und Bojen) markiert.

(2) Die Grenzdokumentation besteht aus

a) den Grenzvermessungsunterlagen (Grenzvermessungsrisse, Winkel- und Streckenverzeichnisse der Polygonierung und Maschinenprotokolle der Grenzabschnitte 1 bis 6, 10 bis 23, eines Teiles des Grenzabschnittes 24 – Grenzzüge a und b, Grenzzug c von Grenzpunkt Nummer 23 (24-b) bis Grenzpunkt Nummer 12 (24-c), Grenzzüge d und e – und der Grenzabschnitte 25 bis 58),

b) der Grenzbeschreibung über den Verlauf der Grenze zwischen der Deutschen Demokratischen Republik und der Bundesrepublik Deutschland (Grenzabschnitt Lübecker Bucht, Grenzabschnitte 1 bis 6, 10 bis 23, ein Teil des Grenzabschnittes 24 – Grenzzüge a und b, Grenzzug c von Grenzpunkt Nummer 23 (24-b) bis Grenzpunkt Nummer 12 (24-c), Grenzzüge d und e – und Grenzabschnitte 25 bis 58),

c) der Grenzkarte 1 : 25 000 (Grenzabschnitt Lübecker Bucht, Grenzabschnitte 1 bis 6, 10 bis 23, ein Teil des Grenzabschnittes 24 – Grenzzüge a und b, Grenzzug c von Grenzpunkt Nummer 23 (24-b) bis Grenzpunkt Nummer 12 (24-c), Grenzzüge d und e – und Grenzabschnitte 25 bis 58), 73 Kartenblätter,

d) den Grenzkarten 1 : 5 000 (Grenzabschnitte 1 bis 6, 10 bis 23, ein Teil des Grenzabschnittes 24 – Grenzzüge a und b, Grenzzug c von Grenzpunkt Nummer 23 (24-b) bis Grenzpunkt Nummer 12 (24-c), Grenzzüge d und e – und Grenzabschnitte 25 bis 58), 516 Kartenblätter,

e) den Grenzkarten 1 : 2 000 (Grenzabschnitt 15), 5 Kartenblätter,

f) den Katalogen der grenzbildenden Gewässer (Grenzabschnitte 2 bis 5, 10 bis 23, Grenzabschnitt 24 – Bremke, Warme Bode von Grenzpunkt Nummer 23 (24-b) bis Grenzpunkt Nummer 12 (24-c), Brunnenbach – und Grenzabschnitte 25 bis 32, 34 bis 38, 40, 42, 43, 45, 47, 48 sowie 50 bis 58).

(3) Die unter b) bis f) aufgeführten Teile der Grenzdokumentation sind diesem Protokoll als Anhang II beigefügt.*

(4) Beide Seiten sind im Besitz je einer Ausfertigung der Grenzvermessungsunterlagen und der auf dieser Grundlage erarbeiteten und unterzeichneten Bestandteile der Grenzdokumentation.

Artikel 3

(1) Mit der Unterzeichnung dieses Protokolls treten folgende Vereinbarungen zur Regelung sonstiger mit dem Grenzverlauf im Zusammenhang stehender Probleme in Kraft:

– Vereinbarung vom 20. September 1973 zwischen der Regierung der Deutschen Demokratischen Republik und der Regierung der Bundesrepublik Deutschland über Grundsätze zur Schadensbekämpfung an der Grenze zwischen der Deutschen Demokratischen Republik und der Bundesrepublik Deutschland, einschließlich der Protokollvermerke vom 11. Dezember 1975 über Information bei Hochwassergefahren und vom 9. März 1978 über den Abbau grenzüberquerender Energiefreileitungen,

– Vereinbarung vom 20. September 1973 zwischen der Regierung der Deutschen Demokratischen Republik und der Regierung der Bundesrepublik Deutschland über Grundsätze zur Instandhaltung und zum Ausbau der Grenzgewässer sowie der dazugehörigen wasserwirtschaftlichen Anlagen, einschließlich des Protokollvermerks vom 14. September 1978 über den Betrieb von wasserwirtschaftlichen Anlagen,

– Protokollvermerk vom 6. Dezember 1973 über den Austausch von Liegenschafts-/Kataster- und Vermessungsunterlagen,

– Protokollvermerk vom 3. Februar 1976 über forstwirtschaftliche Arbeiten in unmittelbarer Grenznähe,

– Protokollvermerk vom 3. Februar 1976 über Grenzwege und Wege im Grenzbereich,

– Protokollvermerk vom 27. Oktober 1977 über Wasserentnahme aus Grenzgewässern der Deutschen Demokratischen Republik,

– Protokollvermerk vom 18. Mai 1978 über das Überfahren der Grenze durch Sportboote und andere Wasserfahrzeuge in Abschnitten der Grenzgewässer Werra und Saale.

(2) Diese Vereinbarungen sind diesem Protokoll als Anhang III beigefügt.

(3) Vor der Unterzeichnung dieses Protokolls in Kraft getretene Vereinbarungen sind in Anhang I aufgeführt und diesem als Anlage 3 beigefügt.

Artikel 4

(1) Beide Seiten werden auf der Grundlage von Artikel 3 des Vertrages vom 21. Dezember 1972 über die Grundlagen der Beziehungen zwischen der Deutschen Demokratischen Republik und der Bundesrepublik Deutschland, des Abschnittes I des Zusatzprotokolls zu diesem Vertrag und der Erklärung zu Protokoll über die Aufgaben der Grenzkommission insbesondere

– die in Artikel 2 bezeichnete Markierung der Grenze instandhalten und erforderlichenfalls erneuern,

– die in Artikel 3 genannten Vereinbarungen durchführen.

(2) Die Kommission aus Beauftragten der Regierungen beider Staaten arbeitet demgemäß nach den Grundsätzen, die als Anhang IV diesem Protokoll beigefügt sind.

Artikel 5

Dieses Protokoll kann im beiderseitigen Einvernehmen geändert oder ergänzt werden. Änderungen oder Ergänzungen bedürfen der Schriftform.

Ausgefertigt in zwei Urschriften

Unterzeichnet und in Kraft getreten

Bonn, am 29. November 1978

Für die Regierung der Deutschen Demokratischen Republik	Für die Regierung der Bundesrepublik Deutschland
Kormes	Dr. Pagel

* Die mit * gekennzeichneten Dokumente werden aus technischen Gründen nicht veröffentlicht.

**Protokollvermerk
zu Artikel 1 des Protokolls
zwischen der Regierung der
Deutschen Demokratischen Republik
und der Regierung der Bundesrepublik Deutschland
über die Überprüfung, Erneuerung
und Ergänzung der Markierung
der zwischen der Deutschen Demokratischen Republik
und der Bundesrepublik Deutschland bestehenden Grenze,
die Grenzdokumentation und
die Regelung sonstiger mit dem Grenzverlauf
im Zusammenhang stehender Probleme**

Die Regierung der Deutschen Demokratischen Republik und die Regierung der Bundesrepublik Deutschland stimmen wie folgt überein:

1. Die gemäß Abschnitt I des Zusatzprotokolls zum Vertrag vom 21. Dezember 1972 über die Grundlagen der Beziehungen zwischen der Deutschen Demokratischen Republik und der Bundesrepublik Deutschland und Ziffer 1 der Erklärung zu Protokoll über die Aufgaben der Grenzkommission durchzuführenden Arbeiten zur Feststellung, Markierung und Dokumentation des Verlaufs der Grenze sowie zur Regelung sonstiger mit dem Grenzverlauf im Zusammenhang stehender Probleme sind für die Grenzabschnitte 7 bis 9 – Elbe – und einen Teil des Grenzabschnittes 24 – Warme Bode von Grenzpunkt Nummer 12 (24-c) bis Grenzpunkt Nummer 1 (24-d) – noch nicht abgeschlossen.

2. Die Arbeiten zu den Grenzabschnitten 7 bis 9 und dem bezeichneten Teil des Grenzabschnittes 24 werden gemäß Abschnitt I des Zusatzprotokolls zum Vertrag vom 21. Dezember 1972 über die Grundlagen der Beziehungen zwischen der Deutschen Demokratischen Republik und der Bundesrepublik Deutschland und der Erklärung zu Protokoll über die Aufgaben der Grenzkommission unter Verwendung der in der Grenzkommission geleisteten Vorarbeiten, einschließlich den in der Anlage bezeichneten Unterlagen, fortgesetzt.

3. Bis zur Herbeiführung der Übereinstimmung werden beide Seiten den Umstand, daß die Arbeiten zu den Grenzabschnitten 7 bis 9 noch nicht abgeschlossen sind, zur Vermeidung von Schwierigkeiten bei allen Maßnahmen weiterhin berücksichtigen. Beide Seiten gehen davon aus, daß die im Rahmen des Vertrages vom 26. Mai 1972 zwischen der Deutschen Demokratischen Republik und der Bundesrepublik Deutschland über Fragen des Verkehrs getroffenen Regelungen zur Gewährleistung eines reibungslosen Binnenschiffsverkehrs sowie die Auffassungen zur Rechtslage unberührt bleiben.

4. Nach Abschluß der Arbeiten zur Feststellung, Markierung und Dokumentation des Verlaufs der Grenze in den Grenzabschnitten 7 bis 9 sowie dem bezeichneten Teil des Grenzabschnittes 24 wird gemäß Artikel 5 verfahren.

Anlage
zum Protokollvermerk

**Verzeichnis bisher zur Feststellung des Grenzverlaufs
in den Grenzabschnitten 7 bis 9 – Elbe –
und dem Grenzabschnitt 24 – Warme Bode
von Grenzpunkt Nummer 12 (24-c)
bis Grenzpunkt Nummer 1 (24-d) –
hergestellter Unterlagen**

Grenzabschnitt	Grenzbeschreibung	Katalog der grenzbildenden Gewässer	Karten 1 : 2 000 (Anzahl)	Karten 1 : 5 000 (Anzahl)	Karten 1 : 25 000 (Blatt-Nummer)
7	–	–	27	13	9 bis 12
8	–	–	27	13	12 bis 14
9	–	–	29	14	14 bis 18
24-c	1	1	–	1	38 und 39

**Anhänge zum Protokoll
zwischen der Regierung der
Deutschen Demokratischen Republik
und der Regierung der Bundesrepublik Deutschland
über die Überprüfung, Erneuerung und Ergänzung
der Markierung der zwischen der
Deutschen Demokratischen Republik und
der Bundesrepublik Deutschland bestehenden Grenze,
die Grenzdokumentation und die Regelung
sonstiger mit dem Grenzverlauf
im Zusammenhang stehender Probleme**

Anhang I Bericht der Grenzkommission gemäß Artikel 1

Anhang II Grenzdokumentation gemäß Artikel 2*

Anhang III Vereinbarungen gemäß Artikel 3

Anhang IV Grundsätze gemäß Artikel 4

**Anhang I zum Protokoll
zwischen der Regierung der
Deutschen Demokratischen Republik
und der Regierung der Bundesrepublik Deutschland
über die Überprüfung, Erneuerung und Ergänzung
der Markierung
der zwischen der Deutschen Demokratischen Republik und
der Bundesrepublik Deutschland bestehenden Grenze,
die Grenzdokumentation und die Regelung
sonstiger mit dem Grenzverlauf
im Zusammenhang stehender Probleme**

**Bericht
der von der Deutschen Demokratischen Republik
und der Bundesrepublik Deutschland
aus Beauftragten der Regierungen beider Staaten
gebildeten Kommission (Grenzkommission)
über ihre Tätigkeit in der Zeit
vom 31. Januar 1973 bis zum 26. Oktober 1978**

1. Die Grenzkommission hat ihre bisherigen Arbeiten gemäß dem in Abschnitt I des Zusatzprotokolls zum Vertrag vom 21. Dezember 1972 über die Grundlagen der Beziehungen zwischen der Deutschen Demokratischen Republik und der Bundesrepublik Deutschland sowie der Erklärung zu Protokoll über die Aufgaben der Grenzkommission vereinbarten Auftrag durchgeführt.

Die Grenzkommission hat ihre Tätigkeit am 31. Januar 1973 aufgenommen und bis zum 26. Oktober 1978 insgesamt 44 Sitzungen abgehalten. Ein Verzeichnis der Sitzungen ist als Anlage 1 beigefügt.

Verzeichnisse der Mitglieder beider Delegationen in der Grenzkommission sind als Anlage 2 beigefügt.

Zur Erfüllung bestimmter Aufgaben bildete die Grenzkommission zeitweilig Arbeitsgruppen. Beide Seiten zogen Experten hinzu. Die Arbeitsgruppe Grenzmarkierung hat in der Zeit vom 15. März 1973 bis zum 8. April 1976 insgesamt 26 Sitzungen durchgeführt. Den Abschlußbericht dieser Arbeitsgruppe hat die Grenzkommission in ihrer 27. Sitzung am 6. Mai 1976 bestätigt.

2. Die Grenzkommission hat die Markierung der zwischen der Deutschen Demokratischen Republik und der Bundesrepublik Deutschland bestehenden Grenze überprüft und, soweit erforderlich, erneuert oder ergänzt sowie die erforderlichen Dokumentationen über den Grenzverlauf (Grenzdokumentation) erarbeitet, soweit bisher der Grenzverlauf festgestellt wurde.

Die Grenzkommission hat entsprechend den ihr übertragenen Aufgaben die Grenze in den Abschnitt Lübecker Bucht und die Grenzabschnitte 1 bis 58 unterteilt.

Nach den geodätischen Vermessungen beträgt die Länge der bisher festgestellten Grenze zwischen den beiden Staaten 1 296,7 Kilometer; hiervon entfallen 14,9 Kilometer auf den Abschnitt Lübecker Bucht.

Noch nicht festgestellt ist der Grenzverlauf in den insgesamt rund 95 Kilometer langen Grenzabschnitten 7 bis 9 — Elbe — und in einem rund 1,2 Kilometer langen Teil des Grenzabschnittes 24 — Warme Bode vom Grenzpunkt Nummer 12 (24-c) bis zum Grenzpunkt Nummer 1 (24-d).

Die Grenze ist auf dem Festland durch Grenzzeichen und in der Lübecker Bucht, dem Dutzower See, dem Schaalsee sowie dem Schwarzmühlenteich durch Hilfsgrenzzeichen markiert.

Nach Abschluß der Arbeiten zur Überprüfung, Erneuerung und Ergänzung der Markierung sind vermarkt

17 236 Grenzpunkte,

davon 16 337 Grenzpunkte direkt —

und zwar

15 028 mit Grenzsteinen,

1 242 mit Grenzpfählen,

67 mit sonstigen Grenzzeichen —

und 899 Grenzpunkte indirekt.

30 Grenzpunkte sind durch Hilfsgrenzzeichen gekennzeichnet,

und zwar

12 durch Tonnen und

18 durch Bojen.

Beide Seiten haben die Zeitpunkte vereinbart, von denen an sie in ihren praktischen Maßnahmen von dem überprüften, vermarkten und vermessenen Grenzverlauf ausgegangen sind.

Die Grenzdokumentation besteht aus

a) den Grenzvermessungsunterlagen (Grenzvermessungsrisse, Winkel- und Streckenverzeichnisse der Polygonierung und Maschinenprotokolle der Grenzabschnitte 1 bis 6, 10 bis 23, eines Teiles des Grenzabschnittes 24 — Grenzzüge a und b, Grenzzug c von Grenzpunkt Nummer 23 (24-b) bis Grenzpunkt Nummer 12 (24-c), Grenzzüge d und e — und der Grenzabschnitte 25 bis 58),

b) der Grenzbeschreibung über den Verlauf der Grenze zwischen der Deutschen Demokratischen Republik und der Bundesrepublik Deutschland (Grenzabschnitt Lübecker Bucht, Grenzabschnitte 1 bis 6, 10 bis 23, ein Teil des Grenzabschnittes 24 — Grenzzüge a und b, Grenzzug c von Grenzpunkt Nummer 23 (24-b) bis Grenzpunkt Nummer 12 (24-c), Grenzzüge d und e — und Grenzabschnitte 25 bis 58),

c) der Grenzkarte 1 : 25 000 (Grenzabschnitt Lübecker Bucht, Grenzabschnitte 1 bis 6, 10 bis 23, ein Teil des Grenzabschnittes 24 — Grenzzüge a und b, Grenzzug c von Grenzpunkt Nummer 23 (24-b) bis Grenzpunkt Nummer 12 (24-c), Grenzzüge d und e — und Grenzabschnitte 25 bis 58), 73 Kartenblätter,

d) den Grenzkarten 1 : 5 000 (Grenzabschnitte 1 bis 6, 10 bis 23, ein Teil des Grenzabschnittes 24 — Grenzzüge a und b, Grenzzug c von Grenzpunkt Nummer 23 (24-b) bis Grenzpunkt Nummer 12 (24-c), Grenzzüge d und e — und Grenzabschnitte 25 bis 58), 516 Kartenblätter,

e) den Grenzkarten 1 : 2 000 (Grenzabschnitt 15), 5 Kartenblätter,

f) den Katalogen der grenzbildenden Gewässer (Grenzabschnitte 2 bis 5, 10 bis 23, Grenzabschnitt 24 — Bremke, Warme Bode von Grenzpunkt Nummer 23 (24-b) bis Grenzpunkt Nummer 12 (24-c), Brunnenbach — und Grenzabschnitte 25 bis 32, 34 bis 38, 40, 42, 43, 45, 47, 48 sowie 50 bis 58).

Beide Seiten sind im Besitz je einer Ausfertigung der Grenzdokumentation.

3. Die Grenzkommission hat für die Durchführung ihrer Arbeiten zur Feststellung, Markierung und Dokumentation der Grenze Regelungen in Form von Protokollvermerken getroffen. Beide Seiten sind im Besitz je einer Ausfertigung dieser Protokollvermerke.

4. Die Grenzkommission hat zur Regelung sonstiger mit dem Grenzverlauf im Zusammenhang stehender Probleme, zum Beispiel der Wasserwirtschaft, der Energieversorgung und der Schadensbekämpfung, beigetragen und, soweit erhebliche praktische Unzuträglichkeiten durch den bestehenden Grenzverlauf eingetreten waren, geeignete Maßnahmen zur Abhilfe, darunter Nutzungsvereinbarungen für Grundstücke und Wirtschaftswege, den Regierungen vorgeschlagen oder in deren Auftrag selbst getroffen.

Folgende Vereinbarungen sind in Kraft getreten:

— Protokollvermerk vom 6. Dezember 1973 über Betrieb, Wartung und Entstörung der Fernsprechleitungen zwischen den Grenzübergangsstellen (Grenzinformationspunkten) gemäß Artikel 3 Absatz 2 der Vereinbarung vom 20. September 1973 über Grundsätze zur Schadensbekämpfung an der Grenze zwischen der Bundesrepublik Deutschland und der Deutschen Demokratischen Republik,

— Vereinbarung vom 29. Juni 1974 zwischen der Regierung der Deutschen Demokratischen Republik und der Regierung der Bundesrepublik Deutschland über den Fischfang in einem Teil der Territorialgewässer der Deutschen Demokratischen Republik in der Lübecker Bucht,

— Protokollvermerk vom 29. Juni 1974 über die Behandlung von Personen, die mit Sportbooten aus navigatorischen oder seemännischen Schwierigkeiten in die Territorialgewässer/das Küstenmeer des anderen Staates geraten,

— Protokollvermerk vom 3. Juli 1974 über das Umfahren der Hakendorfer Halbinsel im Niendorfer Binnensee durch

Fischer aus der Deutschen Demokratischen Republik und der Rethwiese im Schaalsee durch Fischer aus der Bundesrepublik Deutschland,

- Protokollvermerk vom 3. Juli 1974 über den Abbau des grenzüberschreitenden Braunkohlevorkommens im Raum Harbke (Deutsche Demokratische Republik)/Helmstedt (Bundesrepublik Deutschland),
- Protokollvermerk vom 26. September 1974 über Fragen des Eigentums und sonstiger Rechte an Grundstücken im Zusammenhang mit der Überprüfung, Erneuerung und Ergänzung der Markierung des Verlaufs der Grenze zwischen der Bundesrepublik Deutschland und der Deutschen Demokratischen Republik,
- Vereinbarung vom 3. Februar 1976 zwischen der Regierung der Deutschen Demokratischen Republik und der Regierung der Bundesrepublik Deutschland über den Betrieb, die Kontrolle und die Instandhaltung der auf dem Territorium der Deutschen Demokratischen Republik gelegenen Teile der Trinkwasserversorgungsanlagen der Stadt Duderstadt (Bundesrepublik Deutschland),
- Protokollvermerk vom 3. Februar 1976 über den Betrieb, die Kontrolle und die Instandhaltung der auf dem Territorium der Deutschen Demokratischen Republik gelegenen Teile der Trinkwasserversorgungsanlage der Gemeinde Heringen, Ortsteil Kleinensee (Bundesrepublik Deutschland),
- Protokollvermerk vom 18. März 1976 über Verfahrensregeln bei wasserwirtschaftlichen Maßnahmen,
- Protokollvermerk vom 15. September 1977 über die Beseitigung des im Bereich des Grundstückes „Zur Bergmühle" (Bundesrepublik Deutschland) anfallenden Oberflächenwassers und gereinigten Abwassers,
- Vereinbarung vom 3. Mai 1978 zwischen der Regierung der Deutschen Demokratischen Republik und der Regierung der Bundesrepublik Deutschland über die Regelung von Fragen betreffend die Eckertalsperre und die Eckerfernwasserleitung,
- Protokollvermerk vom 3. Mai 1978 über die Generalüberholung des auf dem Territorium der Deutschen Demokratischen Republik verlaufenden Abschnittes der Eckerfernwasserleitung,
- Vereinbarung vom 29. November 1978 zwischen der Regierung der Deutschen Demokratischen Republik und der Regierung der Bundesrepublik Deutschland über die Regelung von Fragen, die mit der Errichtung und dem Betrieb eines Hochwasserrückhaltebeckens an der Itz zusammenhängen.

Diese Vereinbarungen sind als Anlage 3 beigefügt.

Folgende Vereinbarungen wurden bisher vorab angewendet:

- Vereinbarung vom 20. September 1973 zwischen der Regierung der Deutschen Demokratischen Republik und der Regierung der Bundesrepublik Deutschland über Grundsätze zur Schadensbekämpfung an der Grenze zwischen der Deutschen Demokratischen Republik und der Bundesrepublik Deutschland, einschließlich der Protokollvermerke vom 11. Dezember 1975 über Information bei Hochwassergefahren und vom 9. März 1978 über den Abbau grenzüberquerender Energiefreileitungen,
- Vereinbarung vom 20. September 1973 zwischen der Regierung der Deutschen Demokratischen Republik und der Regierung der Bundesrepublik Deutschland über Grundsätze zur Instandhaltung und zum Ausbau der Grenzgewässer sowie der dazugehörigen wasserwirtschaftlichen Anlagen, einschließlich des Protokollvermerks vom 14. September 1978 über den Betrieb von wasserwirtschaftlichen Anlagen,
- Protokollvermerk vom 6. Dezember 1973 über den Austausch von Liegenschafts-/Kataster- und Vermessungsunterlagen,
- Protokollvermerk vom 3. Februar 1976 über forstwirtschaftliche Arbeiten in unmittelbarer Grenznähe,
- Protokollvermerk vom 3. Februar 1976 über Grenzwege und Wege im Grenzbereich,
- Protokollvermerk vom 27. Oktober 1977 über Wasserentnahme aus Grenzgewässern der Deutschen Demokratischen Republik,
- Protokollvermerk vom 18. Mai 1978 über das Überfahren der Grenze durch Sportboote und andere Wasserfahrzeuge in Abschnitten der Grenzgewässer Werra und Saale.

Anlage 1

Verzeichnis
der Sitzungen der Kommission aus Beauftragten der Regierung der Deutschen Demokratischen Republik und der Regierung der Bundesrepublik Deutschland

1.	31. Januar 1973	Bonn
2.	21. Februar 1973	Berlin
3.	28. und 29. März 1973	Bonn
4.	3. und 4. Mai 1973	Berlin
5.	6. und 7. Juni 1973	Lübeck
6.	18. und 19. Juli 1973	Schwerin
7.	12. und 13. September 1973	Ratzeburg
8.	24. und 25. Oktober 1973	Magdeburg
9.	5. und 6. Dezember 1973	Wolfsburg
10.	30. und 31. Januar 1974	Magdeburg
11.	6. und 7. März 1974	Goslar
12.	23. und 24. April 1974	Erfurt
13.	29. und 30. Mai 1974	Göttingen
14.	2. und 3. Juli 1974	Schwerin
15.	25. und 26. September 1974	Kassel
16.	6. und 7. November 1974	Weimar
17.	15. und 16. Januar 1975	Würzburg
18.	5. und 6. März 1975	Oberhof
19.	14. und 15. Mai 1975	Bamberg
20.	19. und 20. Juni 1975	Malente
21.	24. und 25. September 1975	Gera
22.	4. bis 6. November 1975	Wiesbaden
23.	10. und 11. Dezember 1975	Rostock
24.	3. Februar 1976	Bonn
25.	11. und 12. Februar 1976	Braunschweig
26.	17. und 18. März 1976	Karl-Marx-Stadt
27.	5. und 6. Mai 1976	Bayreuth
28.	22. bis 24. Juni 1976	Bad Hersfeld
29.	15. September 1976	Suhl
30.	8. und 9. Dezember 1976	Magdeburg
31.	9. und 10. März 1977	Braunlage

32.	27. und 28. April 1977	Berlin
33.	22. und 23. Juni 1977	Coburg
34.	14. und 15. September 1977	Schwerin
35.	26. und 27. Oktober 1977	Celle
36.	7. und 8. Dezember 1977	Erfurt
37.	25. und 26. Januar 1978	Nürnberg
38.	8. und 9. März 1978	Magdeburg
39.	12. und 13. April 1978	Hamburg
40.	3. Mai 1978	Berlin
41.	17. und 18. Mai 1978	Gera
42.	20. und 21. Juni 1978	Rotenburg an der Fulda
43.	13. und 14. September 1978	Dresden
44.	25. und 26. Oktober 1978	Hildesheim

Anlage 2

Verzeichnisse der Mitglieder der Kommission aus Beauftragten der Regierung der Deutschen Demokratischen Republik und der Regierung der Bundesrepublik Deutschland

Verzeichnis der Mitglieder der Delegation der Deutschen Demokratischen Republik in der Grenzkommission

Botschafter August Klobes Ministerium für Auswärtige Angelegenheiten	Leiter der Delegation bis zur 10. Sitzung
Botschafter Karl Kormes Ministerium für Auswärtige Angelegenheiten	Leiter der Delegation seit der 11. Sitzung
Volkmar Fenzlein Ministerium für Auswärtige Angelegenheiten	stellvertretender Leiter der Delegation seit der 11. Sitzung
Oberst Herbert Liß Ministerium für Nationale Verteidigung Grenztruppen der DDR	
Werner Kretzschmar Ministerium des Innern	
Friedhelm Rausch Ministerium des Innern	bis zur 29. Sitzung
Dr. jur. Rudolf Koblischke Ministerium des Innern	seit der 30. Sitzung
Diplom-Ingenieur Klaus Kögler Ministerium für Umweltschutz und Wasserwirtschaft	bis zur 5. Sitzung
Diplom-Ingenieur Hans Volksdorf Ministerium für Umweltschutz und Wasserwirtschaft	seit der 6. Sitzung

Verzeichnis der Mitglieder der Delegation der Bundesrepublik Deutschland in der Grenzkommission

Ministerialdirektor Dr. Siegfried Fröhlich Bundesministerium des Innern	Leiter der Delegation bis zur 3. Sitzung
Ministerialdirigent Dr. Günther Pagel Bundesministerium des Innern	Leiter der Delegation seit der 4. Sitzung
Ministerialdirigent Dr. Hansjürgen Schierbaum Bundesministerium für innerdeutsche Beziehungen	stellvertretender Leiter der Delegation
Ministerialrat Dr. Peter Füßlein Bundesministerium des Innern	
Direktor im Bundesgrenzschutz Rudolf Thieser Bundesministerium des Innern – Bundesgrenzschutz –	
Regierungsdirektor Dr. Erich Kristof Bundesministerium für innerdeutsche Beziehungen	seit der 5. Sitzung
Ministerialrat Manfred Eyser Bundesministerium der Finanzen	seit der 28. Sitzung
Leitender Regierungs-vermessungsdirektor Diplom-Ingenieur Kurt Ebeling Institut für Angewandte Geodäsie	bis zur 5. Sitzung
Ministerialrat Diplom-Ingenieur Gerhard Veh Der Niedersächsische Minister für Ernährung, Landwirtschaft und Forsten	seit der 7. Sitzung
Ministerialrat Dr. Wolfgang Clausen Innenministerium des Landes Schleswig-Holstein	bis zur 11. Sitzung
Staatssekretär Dr. Hans-Joachim Knack Innenministerium des Landes Schleswig-Holstein	seit der 12. Sitzung
Ministerialdirigent Manfred Imgart Der Niedersächsische Minister des Inneren	bis zur 29. Sitzung
Ministerialdirigent Dr. Klaus Otto Nass Der Niedersächsische Ministerpräsident – Staatskanzlei –	von der 30. Sitzung bis zur 42. Sitzung

Ministerialdirigent Frank Ebisch Der Niedersächsische Minister für Bundesangelegenheiten	seit der 43. Sitzung
Ministerialdirigent Hans-Otto Weber Der Hessische Ministerpräsident – Staatskanzlei –	seit der 11. Sitzung
Leitender Ministerialrat Dr. Heinrich Wackerbauer Bayerische Staatskanzlei	von der 14. Sitzung bis zur 43. Sitzung
Ministerialrat Dr. Rudolf Baer Bayerische Staatskanzlei	seit der 44. Sitzung

Anlage 3

Vereinbarung zwischen der Regierung der Deutschen Demokratischen Republik und der Regierung der Bundesrepublik Deutschland über den Fischfang in einem Teil der Territorialgewässer der Deutschen Demokratischen Republik in der Lübecker Bucht

Artikel 1

Durch die Regierung der Deutschen Demokratischen Republik ist bis zu 110 Lübecker Stadtfischern aus der Bundesrepublik Deutschland (im folgenden Fischereiausübungsberechtigte genannt) die Ausübung des Fischfangs in einem Teil der Territorialgewässer der Deutschen Demokratischen Republik nach Maßgabe dieser Vereinbarung gestattet.

Artikel 2

(1) Das Gebiet (im folgenden Seegebiet genannt) wird im Westen und Nordwesten bis zum Punkt mit den Koordinaten 53°59'10" N und 10°56'07" O durch die Grenze zwischen der Deutschen Demokratischen Republik und der Bundesrepublik Deutschland und im Osten durch die Verbindungslinie zwischen dem bezeichneten Punkt und der Mündung der Harkenbäk begrenzt.

(2) Der Aufenthalt zum Zweck des Fischfangs in dem Seegebiet ist den Fischereiausübungsberechtigten von Sonnenaufgang bis Sonnenuntergang, in der Zeit vom 1. Juni bis 30. September und zum Bergen von Fanggeräten bei Sturm und schwerer See auch außerhalb dieser Zeit, gestattet.

(3) Der Fischfang wird nur vom schwimmenden Fahrzeug aus ausgeübt. Das Betreten des flachen Wassers und des Ufers ist grundsätzlich nicht gestattet. Ausnahmen sind nur aus Gründen der Seenot, bei klarer Sicht in der Zeit von einer Stunde nach Sonnenaufgang bis zu einer Stunde vor Sonnenuntergang auch zum Bergen abgetriebener Fanggeräte gestattet.

Artikel 3

Die Fischereiausübungsberechtigten, die mit ihren Fahrzeugen in das Seegebiet zum Zweck des Fischfangs einlaufen oder von dort zurückkehren, überqueren die Grenze der Deutschen Demokratischen Republik in dem Abschnitt, der durch den Punkt mit den Koordinaten 53°57'55" N, 10°54'18" O und der südlichen Begrenzung des Seegebietes gebildet wird.

Artikel 4

(1) Das Visum zur Ein- und Ausreise zum Zweck des Fischfangs in dem Seegebiet wird den Fischereiausübungsberechtigten auf Antrag durch das zuständige Organ der Deutschen Demokratischen Republik erteilt. Der Antrag wird dem zuständigen Organ der Deutschen Demokratischen Republik durch die Ständige Vertretung der Bundesrepublik Deutschland zugeleitet.

(2) Bei schwerwiegender Verletzung der Vereinbarung oder der Bestimmungen über die Küstenfischerei in den Territorialgewässern der Deutschen Demokratischen Republik kann bei wiederholter Nichtbeachtung der Aufforderung zur Einhaltung dieser Bestimmungen das Visum gemäß Ziffer 1 vorübergehend oder dauernd entzogen werden. Ein vorübergehender oder dauernder Entzug des Visums kann auch bei schwerwiegenden Fällen der Verletzung dieser Vereinbarung für Zwecke, die nicht mit dem Fischfang im Zusammenhang stehen, erfolgen.

(3) Ein Verzeichnis der Fischereifahrzeuge, die von den Fischereiausübungsberechtigten zum Fischfang in dem Seegebiet benutzt werden, wird auf dem in Ziffer 1 festgelegten Weg übergeben.

Artikel 5

(1) Für den Fischfang gelten die Bestimmungen der Deutschen Demokratischen Republik über die Küstenfischerei in den Territorialgewässern der Deutschen Demokratischen Republik. Eisfischen ist nicht gestattet.

(2) Die Deutsche Demokratische Republik unterrichtet die Bundesrepublik Deutschland rechtzeitig über die in Ziffer 1 genannten Bestimmungen, soweit sie nicht bezüglich der Kennzeichnung der für den Fischfang in diesem Seegebiet benutzten Fischereifahrzeuge und Fanggeräte in der als Anlage zu dieser Vereinbarung beigefügten Erklärung der Deutschen Demokratischen Republik mitgeteilt sind.

Artikel 6

(1) Diese Vereinbarung tritt am 1. Oktober 1974 in Kraft.

(2) Die Vereinbarung wird für die Dauer von 20 Jahren geschlossen. Ihre Gültigkeit verlängert sich jeweils um 10 Jahre sofern sie nicht 1 Jahr vor Ablauf der Gültigkeitsdauer gekündigt wird.

Geschehen in Berlin am 29. Juni 1974 in zwei Urschriften.

Für die Regierung der Deutschen Demokratischen Republik	Für die Regierung der Bundesrepublik Deutschland
Kormes	Dr. Pagel

**Erklärung
der Regierung der Deutschen Demokratischen Republik
zu Protokoll zur Vereinbarung zwischen der
Regierung der Deutschen Demokratischen Republik
und der Regierung der Bundesrepublik Deutschland
über den Fischfang
in einem Teil der Territorialgewässer
der Deutschen Demokratischen Republik
in der Lübecker Bucht**

1. **Zu Artikel 2, Ziffer 3:**

   Der Tiefgang der für den Fischfang in dem Seegebiet benutzten Fahrzeuge darf nicht weniger als 0,5 m betragen.

2. **Zu Artikel 4, Ziffern 1 und 2:**

   Die Beantragung des Visums zur Ein- und Ausreise zum Zweck des Fischfangs erfolgt über die Ständige Vertretung der Bundesrepublik Deutschland in der Deutschen Demokratischen Republik an das Ministerium für Auswärtige Angelegenheiten der Deutschen Demokratischen Republik. Die Beantragung erfolgt für bis zu fünf Personen mit Einzelanträgen, für mehr als fünf Personen auf Sammelliste in zweifacher Ausfertigung.

   Die Einzelanträge sowie die Sammelliste haben folgende Angaben zu enthalten:

   Name, Vorname, Geburtsdatum, Geburtsort, Wohnanschrift, Nummer des Reisepasses. Zur selbständigen Ausübung des Fischfangs berechtigt: Ja/nein.

   Der Reisepaß ist bei der Beantragung vorzulegen. Das Visum wird auf einer Anlage zum Reisepaß mit einer Gültigkeit von einem Jahr erteilt. Die Verlängerung der Gültigkeit des Visums ist vor Fristablauf zu beantragen.

   Bei Verstößen kann das Visum in Ausnahmefällen durch Kontrollorgane der Deutschen Demokratischen Republik unmittelbar eingezogen werden. Grundsätzlich wird der Entzug des Visums der Ständigen Vertretung der Bundesrepublik Deutschland in der Deutschen Demokratischen Republik mitgeteilt.

3. **Zu Artikel 4, Ziffer 3:**

   Das Verzeichnis der Fischereifahrzeuge, die von den Fischereiausübungsberechtigten zum Fischfang in dem Seegebiet benutzt werden, hat folgende Angaben zu enthalten: Typ des Fahrzeugs, Länge über alles, Tiefgang, Antriebsart, Fischereikennzeichen des Fahrzeugs (Heimathafen, Nummer) und gegebenenfalls Name; Besatzungsstärke, Eigner.

4. **Zu Artikel 5, Ziffer 2:**

   Das Aufstellen der Fanggeräte hat so zu erfolgen, daß Kontrollen am unmittelbaren Verlauf der Grenze und Arbeiten zur Unterhaltung der Kennzeichnung nicht behindert werden.

   Die ohne Beisein des Fischereiausübungsberechtigten zum Fischfang ausliegenden Fanggeräte sind oberhalb der Wasserfläche an Startpfählen, Bojen und Schweken durch Tafeln zu kennzeichnen. Diese Tafeln müssen mindestens 300 mm lang und 100 mm breit sein und in gut lesbarer Schrift den Namen des Eigners und das Fischereikennzeichen des Fahrzeuges enthalten.

   Die Tafeln sind bei Kumm- und Bügelreusen am Startpfahl, bei den Stellnetzen und Angeln auch in kleineren Abmessungen als angegeben auf den Schwimmern oder an den Bojenstangen anzubringen.

   Festverankerte Netze und Angeln sind an jedem Ende mit einer 1,5 m über die Wasseroberfläche herausragenden Boje zu kennzeichnen. Am äußersten Ende dieser Bojen sind je zwei schwarze rechteckige Fähnchen in der Mindestabmessung von 300 mm × 200 mm übereinander anzubringen.

   Bei der Stellnetzfischerei ist darüber hinaus jedes fünfte Netz mit einer gleichlangen Boje zu kennzeichnen. An dem äußersten Ende ist ein schwarzes rechteckiges Fähnchen in der Mindestabmessung 300 mm × 200 mm anzubringen.

   Die Fischereifahrzeuge führen bei Tag den Zahlenwimpel 7 des Internationalen Signalbuches, nachts oder bei schlechter Sicht 2 feste Gelblichter übereinander.

**Protokollvermerk
zur Vereinbarung zwischen
der Regierung der Deutschen Demokratischen Republik
und der Regierung der Bundesrepublik Deutschland
über den Fischfang
in einem Teil der Territorialgewässer
der Deutschen Demokratischen Republik
in der Lübecker Bucht**

Die Regierungen stimmen darin überein, daß sie sich, wenn hinreichende Erfahrungen über die Praxis der Durchführung dieser Vereinbarung vorliegen, darüber verständigen, wie in zweckmäßigster Weise Fragen geregelt werden können, die mit der praktischen Durchführung dieser Vereinbarung im Zusammenhang stehen.

**Protokollvermerk
zur Vereinbarung zwischen
der Regierung der Deutschen Demokratischen Republik
und der Regierung der Bundesrepublik Deutschland
über den Fischfang
in einem Teil der Territorialgewässer
der Deutschen Demokratischen Republik
in der Lübecker Bucht**

Die Regierung der Bundesrepublik Deutschland erklärt ihre Bereitschaft, mit der Regierung der Deutschen Demokratischen Republik eine Vereinbarung über den Fischfang im Dassower See und in der Pötenitzer Wiek durch Dassower Fischer zu schließen.

Die Regierung der Deutschen Demokratischen Republik nimmt diese Erklärung zustimmend zur Kenntnis.

Für die Regierung der Deutschen Demokratischen Republik	Für die Regierung der Bundesrepublik Deutschland
Kormes	Dr. Pagel

Vereinbarung zwischen der Regierung der Deutschen Demokratischen Republik und der Regierung der Bundesrepublik Deutschland über den Betrieb, die Kontrolle und die Instandhaltung der auf dem Territorium der Deutschen Demokratischen Republik gelegenen Teile der Trinkwasserversorgungsanlagen der Stadt Duderstadt (Bundesrepublik Deutschland)

Artikel 1

Die Regierung der Deutschen Demokratischen Republik gestattet entsprechend der bisherigen Übung die Wasserentnahme aus dem in der Anlage zu dieser Vereinbarung gekennzeichneten Gebiet, höchstens jedoch bis zu 1 000 m³ pro Tag, einschließlich der Überleitung des Wassers zur Trinkwasserversorgung der Stadt Duderstadt durch die dortigen Wasserwerke mittels der bestehenden Anlagen und Leitung.

Artikel 2

Von seiten der Deutschen Demokratischen Republik wird die Kontrolle und die Instandhaltung der auf dem Territorium der Deutschen Demokratischen Republik gelegenen Wassergewinnungsanlage – bestehend aus den Sickersträngen, den Sammelschächten, der Meßkammer und der Überlaufleitung zur Brehme – und der auf dem Territorium der Deutschen Demokratischen Republik gelegenen nach Duderstadt führenden Wasserleitung durchgeführt.

Artikel 3

(1) Die Kontrolle erfolgt monatlich einmal. Kleinere Wartungs- und Instandhaltungsarbeiten werden im Rahmen dieser Kontrolle durchgeführt. Die Ergebnisse der Kontrollen werden schriftlich mitgeteilt.

(2) Darüber hinausgehende Instandhaltungsarbeiten, einschließlich ihrer Kosten, werden gesondert vereinbart.

Artikel 4

(1) Einmal jährlich wird eine gemeinsame Besichtigung der Anlagen durch Beauftragte beider Seiten durchgeführt. Zusätzliche Besichtigungen finden zur Vorbereitung der in Artikel 3 Absatz 2 genannten Vereinbarungen statt.

(2) Die Besichtigungen können im gegenseitigen Einvernehmen entfallen.

Artikel 5

(1) Von seiten der Bundesrepublik Deutschland wird für die Leistungen gemäß Artikel 3 Absatz 1 und für die Wasserentnahme eine jährliche Pauschale gezahlt.

(2) Die Zahlungen für die Leistungen gemäß Artikel 3 Absatz 2 werden entsprechend den vereinbarten Kosten vorgenommen.

(3) Die Zahlungen erfolgen entsprechend der jeweils gültigen Vereinbarung zwischen der Deutschen Demokratischen Republik und der Bundesrepublik Deutschland über den kommerziellen Zahlungs- und Verrechnungsverkehr.

(4) Die Höhe der Zahlungen gemäß Absatz 1 und die Einzelheiten der Zahlungsmodalitäten werden durch Protokollvermerk festgelegt.

Artikel 6

(1) Diese Vereinbarung tritt mit der Unterzeichnung in Kraft.

(2) Die Vereinbarung wird für die Dauer von zwanzig Jahren geschlossen und verlängert sich jeweils um fünf Jahre, wenn sie nicht zwei Jahre vor Ablauf der Gültigkeitsdauer gekündigt wird.

Geschehen in Bonn am 3. Februar 1976 in zwei Urschriften.

Für die Regierung der Deutschen Demokratischen Republik	**Für die Regierung der Bundesrepublik Deutschland**
Kormes	Dr. Pagel

Protokollvermerk zu Artikel 5 der Vereinbarung zwischen der Regierung der Deutschen Demokratischen Republik und der Regierung der Bundesrepublik Deutschland über den Betrieb, die Kontrolle und die Instandhaltung der auf dem Territorium der Deutschen Demokratischen Republik gelegenen Teile der Trinkwasserversorgungsanlagen der Stadt Duderstadt (Bundesrepublik Deutschland)

1. Die gemäß Artikel 5 Absatz 1 zu zahlende jährliche Pauschale wird für jeweils fünf Jahre auf der Basis der entstehenden Kosten sowie der durchschnittlichen Wasserentnahme entsprechend den für die öffentliche Trinkwasserversorgung auf dem Territorium der Deutschen Demokratischen Republik gültigen Bestimmungen festgelegt.
2. Die Höhe der gemäß Artikel 5 Absatz 1 zu zahlenden Pauschale wird für die Jahre 1976 bis 1980 mit viertausendzweihundert DM pro Jahr festgesetzt.
3. Die Zahlungen gemäß Artikel 5 Absatz 1 sind bis zum 30. Juni jeden Jahres, die Zahlungen gemäß Artikel 5 Absatz 2 acht Wochen nach Übermittlung der Forderung fällig.
4. Die Zahlungen gemäß Artikel 5 erfolgen auf das Unterkonto 3 der Staatsbank der Deutschen Demokratischen Republik bei der Deutschen Bundesbank. Artikel 5 Absatz 3 bleibt unberührt.

Protokollvermerk

Zwischen der Regierung der Deutschen Demokratischen Republik und der Regierung der Bundesrepublik Deutschland besteht Übereinstimmung wie folgt:

Durch die Vereinbarung zwischen der Regierung der Deutschen Demokratischen Republik und der Regierung der Bundesrepublik Deutschland über den Betrieb, die Kontrolle und die Instandhaltung der auf dem Territorium der Deutschen Demokratischen Republik gelegenen Teile der Trinkwasserversorgungsanlagen der Stadt Duderstadt (Bundesrepublik Deutschland) bleiben die damit zusammenhängenden, wegen der unterschiedlichen Rechtspositionen nicht geregelten Vermögensfragen unberührt.

Anlage

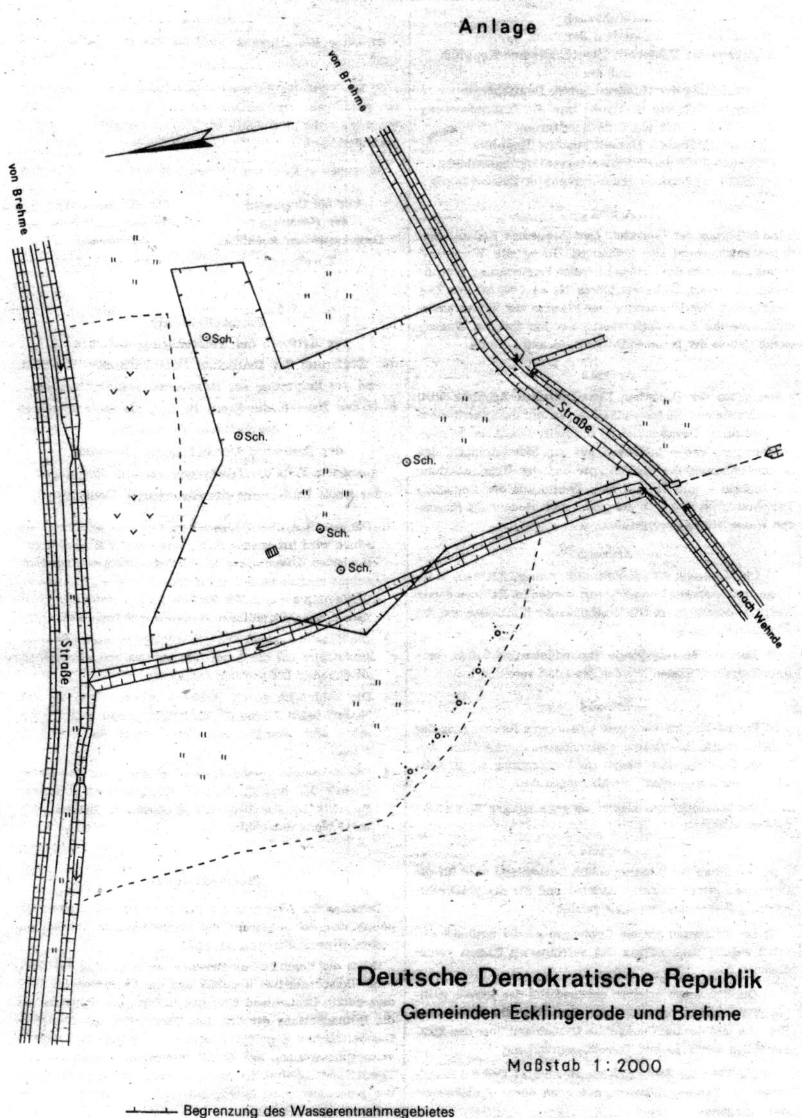

Deutsche Demokratische Republik

Gemeinden Ecklingerode und Brehme

Maßstab 1 : 2000

Begrenzung des Wasserentnahmegebietes

Vereinbarung
zwischen der
Regierung der Deutschen Demokratischen Republik
und der
Regierung der Bundesrepublik Deutschland
über die Regelung von Fragen betreffend
die Eckertalsperre und die Eckerfernwasserleitung

Artikel 1

(1) Die Regierung der Deutschen Demokratischen Republik gestattet die Nutzung

– der auf dem Territorium der Deutschen Demokratischen Republik gelegenen Teile der Trinkwassertalsperre der Ecker (Eckertalsperre), deren Betrieb, Kontrolle und Instandhaltung einschließlich der Beseitigung von Schäden

– des Teiles des Territoriums der Deutschen Demokratischen Republik, in dem die Eckerfernwasserleitung verläuft, zum Zwecke des Betriebes, der Kontrolle und der Instandhaltung der Eckerfernwasserleitung einschließlich der Beseitigung von Schäden

gemäß den in dieser Vereinbarung und in dem hierzu gehörigen Protokollvermerk unter Berücksichtigung der bisherigen Übung getroffenen Regelungen.

(2) Die Lage der Teile der Eckertalsperre gemäß Absatz 1 und des Teiles des Territoriums der Deutschen Demokratischen Republik, in dem die Eckerfernwasserleitung verläuft, sind in der zu dieser Vereinbarung gehörenden Karte dargestellt.*

Artikel 2

Die Ergebnisse der bauaufsichtlichen/talsperrenaufsichtlichen Überwachung durch die zuständigen Organe/Behörden der Deutschen Demokratischen Republik und der Bundesrepublik Deutschland werden einmal jährlich ausgetauscht.

Artikel 3

Für die Nutzung, den Betrieb, die Kontrollen und die Instandhaltung gemäß Artikel 1 gilt die „Vereinbarung zwischen der Regierung der Deutschen Demokratischen Republik und der Regierung der Bundesrepublik Deutschland über die Grundsätze zur Instandhaltung und zum Ausbau der Grenzgewässer sowie der dazugehörigen wasserwirtschaftlichen Anlagen" vom 20. September 1973, soweit in dieser Vereinbarung und in dem hierzu gehörigen Protokollvermerk keine speziellen Regelungen getroffen sind.

Artikel 4

(1) Die Regierung der Bundesrepublik Deutschland wird alle möglichen Maßnahmen ergreifen, daß im Rahmen der Nutzung, des Betriebes, der Kontrollen und der Instandhaltung der Eckertalsperre und der Eckerfernwasserleitung keine nachteiligen Auswirkungen auf dem Territorium der Deutschen Demokratischen Republik eintreten.

(2) Bei Ereignissen, die die Nutzung oder den Betrieb der Eckertalsperre oder der Eckerfernwasserleitung gefährden oder ausschließen oder die nachteilige Auswirkungen auf das Territorium des anderen Staates haben oder haben können, werden zwischen den Beauftragten (Artikel 7) die Informationen ausgetauscht.

Artikel 5

Der Betrieb, die Kontrollen und die Instandhaltung einschließlich der Beseitigung von Schäden gemäß Artikel 1 werden auf Kosten der Regierung der Bundesrepublik Deutschland durchgeführt.

Artikel 6

(1) Die Regierung der Bundesrepublik Deutschland zahlt an die Regierung der Deutschen Demokratischen Republik eine jährliche Pauschale. Eingeschlossen in die Pauschale ist die Zahlung für die Entnahme von Wasser aus dem auf dem Territorium der Deutschen Demokratischen Republik gelegenen Teil der Eckertalsperre.

(2) Die Zahlungen erfolgen entsprechend der jeweils gültigen Vereinbarung zwischen der Deutschen Demokratischen Republik und der Bundesrepublik Deutschland über den kommerziellen Zahlungs- und Verrechnungsverkehr.

(3) Die Höhe der Pauschale gemäß Absatz 1 und die Einzelheiten der Zahlungsmodalitäten sind durch den zu dieser Vereinbarung gehörigen Protokollvermerk festgelegt.

Artikel 7

Die Regierung der Deutschen Demokratischen Republik und die Regierung der Bundesrepublik Deutschland teilen sich die Beauftragten für die Durchführung dieser Vereinbarung mit.

Artikel 8

(1) Diese Vereinbarung tritt am 3. Mai 1978 in Kraft.

(2) Diese Vereinbarung wird für die Dauer von dreißig Jahren geschlossen und verlängert sich jeweils um fünf Jahre, wenn sie nicht fünf Jahre vor Ablauf der Gültigkeitsdauer gekündigt wird.

Geschehen in Berlin am 3. 5. 1978 in zwei Urschriften.

Für die Regierung der Deutschen Demokratischen Republik	Für die Regierung der Bundesrepublik Deutschland
Kormes	Dr. Pagel

Protokollvermerk zur Vereinbarung zwischen der Regierung der Deutschen Demokratischen Republik und der Regierung der Bundesrepublik Deutschland über die Regelung von Fragen betreffend die Eckertalsperre und die Eckerfernwasserleitung

Zwischen der Regierung der Deutschen Demokratischen Republik und der Regierung der Bundesrepublik Deutschland besteht Übereinstimmung wie folgt:

1. Durch die Vereinbarung zwischen der Regierung der Deutschen Demokratischen Republik und der Regierung der Bundesrepublik Deutschland über die Regelung von Fragen betreffend die Eckertalsperre und die Eckerfernwasserleitung – im folgenden Vereinbarung genannt – bleiben die damit zusammenhängenden, wegen der unterschiedlichen Rechtspositionen nicht geregelten Vermögensfragen unberührt.

2. (1) Die in Artikel 1 der Vereinbarung bezeichneten Teile der Eckertalsperre und der Teil des Territoriums der Deutschen Demokratischen Republik, in dem die Eckerfernwasserleitung verläuft, können zum Zwecke der Kontrolle und Instandhaltung einschließlich der Beseitigung von Schäden durch dazu Bevollmächtigte der Seite der Bundesrepublik Deutschland betreten werden. Als bevollmächtigt gelten Personen, die der Seite der Deutschen Demokratischen Republik namentlich schriftlich benannt und von ihr bestätigt worden sind.

(2) Die Kontrolle der auf dem Territorium der Deutschen Demokratischen Republik gelegenen Teile der Staumauer von außen erfolgt zweimal jährlich. Der Termin wird zwischen den Beauftragten rechtzeitig abgestimmt. Kleinere Wartungs- und Instandhaltungsarbeiten werden im Rahmen der Kontrollen durchgeführt.

Darüber hinausgehende größere Instandhaltungsarbeiten werden jeweils gesondert vereinbart.

Zur Durchführung der Kontrollen können die Bevollmächtigten einen fünf Meter breiten Streifen entlang der Staumauer auf dem Territorium der Deutschen Demokratischen Republik benutzen. Die zur Begehbarkeit dieses Streifens erforderlichen Arbeiten werden zwischen den Beauftragten an Ort und Stelle vereinbart und seitens der Bundesrepublik Deutschland ausgeführt.

(3) Die Kontrolle der auf dem Territorium der Deutschen Demokratischen Republik gelegenen Teile der Staumauer von innen einschließlich der Instandhaltung kann entsprechend den betriebstechnischen Erfordernissen erfolgen. Bei Instandhaltungsarbeiten, die nicht durch Bevollmächtigte gemäß Ziffer 2 Absatz 1 durchgeführt werden können, dürfen auch andere Arbeitskräfte eingesetzt werden, jedoch muß ständig ein Bevollmächtigter anwesend sein.

(4) Die Kontrolle des auf dem Territorium der Deutschen Demokratischen Republik verlaufenden Abschnitts der Eckerfernwasserleitung erfolgt durch höchstens zwei Bevollmächtigte jeweils am ersten Werktag des ersten Monats im Quartal, sofern zwischen den Beauftragten nichts Abweichendes vereinbart wird. Kleinere Wartungs- und Instandhaltungsarbeiten werden im Rahmen der Kontrollen durchgeführt.

Darüber hinausgehende größere Instandhaltungsarbeiten werden jeweils gesondert vereinbart.

Zur Durchführung der Kontrollen und Instandhaltungsarbeiten wird der im Bereich des Leitungsabschnitts verlaufende Forstweg auf dem Territorium der Deutschen Demokratischen Republik benutzt. Der Zutritt zum Leitungsabschnitt erfolgt, sofern nichts Abweichendes vereinbart wird, vom Weg unterhalb der Staumauer oder über die Brücke am Endpunkt des Leitungsabschnittes.

(5) Die Kontrollen und Instandhaltungsarbeiten gemäß den Ziffern 2 und 4 werden in der Zeit von 8.00 bis 15.00 Uhr durchgeführt, sofern nichts Abweichendes vereinbart wird.

(6) Bei schwerwiegenden Verstößen gegen die Bestimmungen dieses Protokollvermerks sind bei wiederholter Nichtbeachtung der Aufforderung zur Einhaltung die Arbeiten auf Verlangen einzustellen. Bei Vorliegen besonderer Gründe werden die Kontrollen und Instandhaltungsarbeiten an den in Artikel 1 der Vereinbarung bezeichneten Teilen der Eckertalsperre und der Eckerfernwasserleitung auf Verlangen der Seite der Deutschen Demokratischen Republik verschoben oder eingestellt. Bei dringenden Instandhaltungsarbeiten wird der konkrete Stand der Arbeiten berücksichtigt, um kritische Situationen im Betriebsablauf zu verhindern.

Der Beauftragte der Regierung der Bundesrepublik Deutschland informiert, wenn vereinbarte Arbeiten nicht zum vorgesehenen Zeitpunkt durchgeführt werden können.

Sofern es zur Verschiebung oder Einstellung vereinbarter Instandhaltungsarbeiten kommt, verständigen sich die Beauftragten über Termin und Bedingungen für den Beginn oder die Weiterführung der Arbeiten.

3. (1) Die gemäß Artikel 6 Absatz 1 der Vereinbarung zu zahlende Pauschale wird unter Berücksichtigung der in der Deutschen Demokratischen Republik geltenden Bestimmungen für die Entnahme von Oberflächenwasser zum Zwecke der öffentlichen Trinkwasserversorgung in der Deutschen Demokratischen Republik auf Einhunderttausend Deutsche Mark festgesetzt.

Dabei ist eine anteilige jährliche Entnahmemenge von sieben Millionen Kubikmeter aus den auf dem Territorium der Deutschen Demokratischen Republik gelegenen Teil der Eckertalsperre zugrundegelegt. In dem Umfang, in dem sich nach den in Satz 1 genannten Bestimmungen die Höhe des zu zahlenden Entgelts ändert, ändert sich mit Wirkung vom 1. Januar des folgenden Kalenderjahres die Höhe der zu zahlenden Pauschale. Die Regierung der Deutschen Demokratischen Republik teilt derartige Änderungen der genannten Bestimmungen der Regierung der Bundesrepublik Deutschland mit.

Die Pauschale ist bis zum 30. Juni des jeweiligen Jahres zu zahlen.

(2) Die Zahlungen gemäß Artikel 6 der Vereinbarung erfolgen auf das Unterkonto 3 der Staatsbank der Deutschen Demokratischen Republik bei der Deutschen Bundesbank.

**Erklärung
der Regierung der Bundesrepublik Deutschland
zur Vereinbarung
zwischen
der Regierung der Deutschen Demokratischen Republik
und der Regierung der Bundesrepublik Deutschland
über die Regelung von Fragen
betreffend die Eckertalsperre
und die Eckerfernwasserleitung**

Die Eckertalsperre und die Eckerfernwasserleitung werden von den Harzwasserwerken des Landes Niedersachsen als dem auf Seiten der Bundesrepublik zuständigen Wasserversorgungsunternehmen betrieben und unterhalten.

Die Regierung der Bundesrepublik Deutschland hat durch entsprechende Regelungen sichergestellt, daß die Harzwasserwerke des Landes Niedersachsen die Vereinbarung und die im Zusammenhang damit getroffenen Festlegungen beachten.

**Vereinbarung
zwischen
der Regierung der Deutschen Demokratischen Republik
und der Regierung der Bundesrepublik Deutschland
über die Regelung von Fragen,
die mit der Errichtung und dem Betrieb
eines Hochwasserrückhaltebeckens
an der Itz zusammenhängen**

Die Regierung der Deutschen Demokratischen Republik und die Regierung der Bundesrepublik Deutschland sind – geleitet von dem Willen, die Entwicklung gutnachbarlicher Beziehungen zwischen beiden deutschen Staaten zu unterstützen – reingekommen, diese Vereinbarung zu schließen, um den Hochwasserschutz in dem auf dem Hoheitsgebiet der Bundesrepublik Deutschland gelegenen Teil des Tales der Itz zu verbessern.

Artikel 1

Die Regierung der Deutschen Demokratischen Republik gestattet die zeitweilige Überstauung des in der Anlage* zu dieser Vereinbarung dargestellten Teiles des Hoheitsgebietes der Deutschen Demokratischen Republik in den Tälern der Itz und der Effelder bis zu einer Höhe von 356,70 m über Normalnull, um der Bundesrepublik Deutschland den Betrieb eines Hochwasserrückhaltebeckens zu ermöglichen, dessen Abschlußbauwerk durch die Bundesrepublik Deutschland auf ihrem Hoheitsgebiet errichtet wird.

Artikel 2

(1) Der Betrieb des Hochwasserrückhaltebeckens erfolgt so, daß der in der Anlage zu dieser Vereinbarung dargestellte Teil des Hoheitsgebietes der Deutschen Demokratischen Republik nur in dem zur Abwendung von Hochwasser erforderlichen Umfang überflutet wird.

(2) Mit der Überstauung kann begonnen werden, wenn zu erwarten ist, daß die Wasserführung am Pegel Coburg/Itz 30 m³/s überschreitet. Die Absenkung des Wasserspiegels im Hochwasserrückhaltebecken wird spätestens vorgenommen, wenn die Wasserführung am Pegel Coburg/Itz 30 m³/s unterschreitet. Sie wird so gestaltet, daß aus dem Hochwasserrückhaltebecken während des Absenkvorganges eine Wassermenge bis zu 10 m³/s abgegeben wird, solange am Pegel Coburg/Itz eine Wasserführung von 30 m³/s nicht überschritten wird. Abweichungen davon bedürfen der Abstimmung.

(3) Die Bundesrepublik Deutschland informiert die Deutsche Demokratische Republik über den Beginn der Überstauung und der Absenkung des Hochwasserrückhaltebeckens sowie über die Entwicklung des Pegels Coburg/Itz.

(4) Die Bundesrepublik Deutschland übergibt der Deutschen Demokratischen Republik den Bewirtschaftungsplan für das Hochwasserrückhaltebecken in zwei Ausfertigungen.

Artikel 3

(1) Die Deutsche Demokratische Republik führt die auf ihrem Hoheitsgebiet im Bereich des Hochwasserrückhaltebeckens erforderlichen Anpassungsmaßnahmen durch.

(2) Die Deutsche Demokratische Republik wird im Bereich des Hochwasserrückhaltebeckens alle möglichen Maßnahmen ergreifen, daß im Hochwasserfall keine Gegenstände abgeschwemmt werden, die Anlagenteile des Hochwasserrückhaltebeckens beschädigen können.

Artikel 4

(1) Auf dem Hoheitsgebiet der Deutschen Demokratischen Republik werden an Itz, Grümpen und Effelder je ein Zulaufpegel mit Einrichtungen zur Datenfernübertragung einschließlich der erforderlichen Kabel von der Deutschen Demokratischen Republik erstellt, betrieben und unterhalten. Für die Überführung der Kabel an der Grenze werden von beiden Seiten die dazu notwendigen technischen Voraussetzungen geschaffen.

Die Pegel werden bis zur Fertigstellung des Hochwasserrückhaltebeckens errichtet.

(2) Die Deutsche Demokratische Republik ermittelt die Stammdaten der Zulaufpegel (Lage am Wasserlauf, Größe des Niederschlagsgebietes, Hauptzahlen der Wasserstände und Abflüsse, Pegelnullpunkt, Abflußtafel) und übergibt sie der Bundesrepublik Deutschland. Wesentliche Änderungen der Stammdaten werden mitgeteilt.

Artikel 5

(1) Durch den Betrieb des Hochwasserrückhaltebeckens gemäß Artikel 2 und die Anpassungsmaßnahmen gemäß Artikel 3 werden der Verlauf und die definierte Lage der Grenze zwischen der Deutschen Demokratischen Republik und der Bundesrepublik Deutschland nicht verändert. Die Bundesrepublik Deutschland wird auf eigene Kosten die Grenze im

Bereich des Hochwasserrückhaltebeckens zusätzlich so kennzeichnen, daß auch während einer Überstauung der Verlauf der Grenze hinreichend erkennbar ist.

Einzelheiten sind durch den zu dieser Vereinbarung gehörenden Protokollvermerk festgelegt.

(2) Die Bundesrepublik Deutschland beseitigt auf eigene Kosten Schäden, die durch den Betrieb des Hochwasserrückhaltebeckens an der Markierung der Grenze zwischen der Deutschen Demokratischen Republik und der Bundesrepublik Deutschland entstehen. Im übrigen finden die Grundsätze gemäß Artikel 4 des Protokolls vom 29. November 1978 zwischen der Regierung der Deutschen Demokratischen Republik und der Regierung der Bundesrepublik Deutschland über die Überprüfung, Erneuerung und Ergänzung der Markierung der zwischen der Deutschen Demokratischen Republik und der Bundesrepublik Deutschland bestehenden Grenze, die Grenzdokumentation und die Regelung sonstiger mit dem Grenzverlauf im Zusammenhang stehender Probleme Anwendung.

(3) Das Hoheitsgebiet der Deutschen Demokratischen Republik wird im Rahmen des Betriebes des Hochwasserrückhaltebeckens nicht betreten.

Artikel 6

(1) Die Regierung der Bundesrepublik Deutschland zahlt der Regierung der Deutschen Demokratischen Republik eine einmalige Summe für die von der Deutschen Demokratischen Republik gemäß Artikel 3 Absatz 1 durchzuführenden Anpassungsmaßnahmen, für die Errichtung der Pegel gemäß Artikel 4 und für die Beeinträchtigung der Nutzung der Grundstücke für die Laufzeit der Vereinbarung.

(2) Die Regierung der Bundesrepublik Deutschland zahlt der Regierung der Deutschen Demokratischen Republik für den Betrieb der Pegel einschließlich der Abflußmessungen sowie für laufende Wartungs- und Instandhaltungsarbeiten eine jährliche Pauschale.

(3) Die Höhe der einmaligen Summe nach Absatz 1 und der jährlichen Pauschale nach Absatz 2 sowie die Einzelheiten der Zahlungsmodalitäten sind durch den zu dieser Vereinbarung gehörenden Protokollvermerk festgelegt.

(4) Über die laufenden Instandhaltungsarbeiten hinausgehende Instandhaltungsarbeiten an den Pegeln sowie deren Erneuerung werden gesondert vereinbart und auf Kosten der Bundesrepublik Deutschland durchgeführt.

(5) Die Zahlungen erfolgen entsprechend der jeweils gültigen Vereinbarung zwischen der Deutschen Demokratischen Republik und der Bundesrepublik Deutschland über den kommerziellen Zahlungs- und Verrechnungsverkehr.

Artikel 7

Die Regierung der Deutschen Demokratischen Republik und die Regierung der Bundesrepublik Deutschland teilen sich die Beauftragten für die Durchführung dieser Vereinbarung mit.

Artikel 8

Die Vereinbarung tritt am 29. November 1978 in Kraft. Die Vereinbarung wird für die Dauer von 50 Jahren geschlossen und verlängert sich jeweils um zehn Jahre, wenn sie nicht mindestens fünf Jahre vor Ablauf der Gültigkeitsdauer gekündigt wird.

Geschehen in Bonn am 29. November 1978 in zwei Urschriften

Für die Regierung der Deutschen Demokratischen Republik	**Für die Regierung der Bundesrepublik Deutschland**
Kormes	Dr. Pagel

Protokollvermerk
zu Artikel 5 Absatz 1 der Vereinbarung
zwischen
der Regierung der Deutschen Demokratischen Republik
und der Regierung der Bundesrepublik Deutschland
über die Regelung von Fragen,
die mit der Errichtung und dem Betrieb
eines Hochwasserrückhaltebeckens
an der Itz zusammenhängen

Zwischen der Regierung der Deutschen Demokratischen Republik und der Regierung der Bundesrepublik Deutschland besteht Übereinstimmung wie folgt:

1. Die Grenze zwischen der Deutschen Demokratischen Republik und der Bundesrepublik Deutschland wird im Bereich des Hochwasserrückhaltebeckens durch die Bundesrepublik Deutschland auf eigene Kosten zusätzlich so gekennzeichnet, daß auch während einer Überstauung der Verlauf der Grenze hinreichend erkennbar ist. Als zusätzliche Kennzeichnung errichtet die Bundesrepublik Deutschland Dreibock- oder Stangensignale aus Stahl. Die Dreibocksignale bestehen aus einem dreibeinigen Untergestell und einer darauf aufgesetzten lotrechten Stange.
2. Die Höhe der Signale wird so bemessen, daß die Spitze der Stangen bei dem Stauziel, das durch den Hochwasserstau im Hochwasserrückhaltebecken im Mittel alle fünf Jahre erreicht wird (352 m über Normalnull), etwa 0,2 m über den Wasserspiegel herausragt.
3. Dreibocksignale werden an versteinten Hauptbrechpunkten der Grenze zentrisch über den Grenzpunkten errichtet, Stangensignale an den Punkten, an denen die Effelder die Fließrichtung stark ändert. Die Aufstellungspunkte ergeben sich aus der Karte (Anlage zur Vereinbarung).
4. Die vorhandene Markierung wird von den Festlegungen unter Ziffer 1 und 3 nicht berührt. Sie liegt bei Normalstau außerhalb des Stauraumes.

Protokollvermerk
zu Artikel 6 der Vereinbarung
zwischen
der Regierung der Deutschen Demokratischen Republik
und der Regierung der Bundesrepublik Deutschland
über die Regelung von Fragen,
die mit der Errichtung und dem Betrieb
eines Hochwasserrückhaltebeckens
an der Itz zusammenhängen

Zwischen der Regierung der Deutschen Demokratischen Republik und der Regierung der Bundesrepublik Deutschland besteht Übereinstimmung wie folgt:

1. Die einmalige Summe nach Artikel 6 Absatz 1 beträgt 750 000,– DM.

   In dieser Summe sind Kosten für die Errichtung der Pegel in Höhe von 360 000,– DM enthalten. Die dafür tatsächlich entstandenen Kosten werden von seiten der Deutschen Demokratischen Republik mitgeteilt. Sollten diese Kosten um mehr als 5 Prozent von dieser Summe abweichen, so erfolgt ein entsprechender Ausgleich.

2. Die Hälfte der einmaligen Summe wird 8 Wochen nach Fertigstellung der Meßstrecken für die Pegel fällig, der Restbetrag 6 Monate nach Beginn der Bauarbeiten am Abschlußbauwerk des Hochwasserrückhaltebeckens.

3. Die gemäß Artikel 6 Absatz 2 zu zahlende jährliche Pauschale wird für jeweils fünf Jahre auf der Basis der entstehenden Kosten festgelegt.

4. Die Höhe der gemäß Artikel 6 Absatz 2 zu zahlenden Pauschale beträgt für die ersten fünf Jahre nach Inbetriebnahme der Pegel 7 200,– DM pro Jahr.

5. Die Zahlungen gemäß Artikel 6 Absatz 2 sind bis zum 30. Juni jeden Jahres fällig, im Jahr der Fertigstellung der Pegel anteilmäßig 8 Wochen nach Inbetriebnahme.

6. Die Zahlungen erfolgen auf das Unterkonto 3 der Staatsbank der Deutschen Demokratischen Republik bei der Deutschen Bundesbank.

Protokollvermerk
über Betrieb, Wartung und Entstörung
der Fernsprechleitungen
zwischen den Grenzübergangsstellen
(Grenzinformationspunkten)
gemäß Absatz 3 Ziffer 2
der Vereinbarung vom 20. September 1973
über Grundsätze zur Schadensbekämpfung an der Grenze
zwischen der Bundesrepublik Deutschland
und der Deutschen Demokratischen Republik

Über den Betrieb, die Wartung und die Entstörung der Fernsprechleitungen für den Informationsaustausch in Schadensfällen besteht Übereinstimmung in folgenden Punkten:

1. Beide Seiten gewährleisten eine jederzeitige fernmündliche Aufnahme von Informationen und Weitergabe an die zuständigen Stellen. Die ständige Aufnahmebereitschaft beginnt mit der Inbetriebnahme der Fernsprechverbindung nach Übergabe durch die Fachkräfte der Postverwaltungen. Die beiden Benutzer der Leitung stellen in ihrem ersten Kontaktgespräch das Bestehen der Fernsprechverbindung fest.

2. Zur Sicherstellung eines ununterbrochenen Informationsaustausches überprüfen die Benutzer täglich einmal die Leitung in der Zeit zwischen 8.00 und 9.00 Uhr durch einen Kontrollanruf

   in Monaten mit ungeraden Zahlen:
   die Bundesrepublik Deutschland,

   in Monaten mit geraden Zahlen:
   die Deutsche Demokratische Republik.

3. Fällt eine Fernsprechverbindung wegen technischer Störung aus, erfolgt für die Dauer der Störung der Informationsaustausch über einen benachbarten Grenzinformationspunkt. Erforderliche Instandsetzungs- und Entstörungsarbeiten werden ohne Verzug durchgeführt.

4. Die Wartung und Entstörung der Anlagen erfolgt durch die jeweiligen fachtechnischen Kräfte.

   Sie sind befugt, zu diesem Zweck Testgespräche zu führen.

5. Weitere Einzelheiten über den Betrieb und die Wartung und Entstörung der Leitungen werden in der Grenzkommission abgesprochen, soweit dies erforderlich erscheint oder von einer Seite gewünscht wird.

Wolfsburg, den 5. Dezember 1973

Für die Delegation der Bundesrepublik Deutschland	**Für die Delegation der Deutschen Demokratischen Republik**
Dr. Pagel	Klobes

Protokollvermerk
über die Behandlung von Personen,
die mit Sportbooten aus navigatorischen
oder seemännischen Schwierigkeiten
in die Territorialgewässer/das Küstenmeer
des anderen Staates geraten

Die Leiter der Delegationen der Deutschen Demokratischen Republik und der Bundesrepublik Deutschland in der Grenzkommission sind von ihren Regierungen bevollmächtigt, im Zusammenhang mit der Unterzeichnung des Protokollvermerks über den Verlauf der Grenze zwischen den Territorialgewässern der Deutschen Demokratischen Republik und dem Küstenmeer der Bundesrepublik Deutschland in der Lübecker

Bucht und in Übereinstimmung mit dem Inhalt dieses Protokollvermerkes folgendes zu erklären:

Es besteht Übereinstimmung, daß in Fällen, in denen Personen mit Sportbooten aus navigatorischen oder seemännischen Schwierigkeiten im unmittelbaren Grenzbereich in diese Gewässer des anderen Staates geraten, von den zuständigen Organen/Behörden bei zu treffenden Maßnahmen gegenüber diesen Personen die Umstände angemessen berücksichtigt werden, aus denen das Einlaufen in diese Gewässer entstand.

Berlin, den 29. Juni 1974

Für die Delegation der Deutschen Demokratischen Republik	Für die Delegation der Bundesrepublik Deutschland
Kormes	Dr. Pagel

Protokollvermerk
über das Umfahren der Hakendorfer Halbinsel im Niendorfer Binnen-See durch Fischer aus der Deutschen Demokratischen Republik und der Rethwiese im Schaal-See durch Fischer aus der Bundesrepublik Deutschland

Die Grenzkommission erzielte folgende Übereinstimmung:

Zum Zweck des Fischfangs ist Fischern aus der Deutschen Demokratischen Republik das Umfahren der Hakendorfer Halbinsel im Gewässer der Bundesrepublik Deutschland und Fischern aus der Bundesrepublik Deutschland das Umfahren der Insel Rethwiese im Gewässer der Deutschen Demokratischen Republik gestattet.

Diese Regelung gilt für die Zeit von einer Stunde nach Sonnenaufgang bis eine Stunde vor Sonnenuntergang.

Das Umfahren der genannten Landstücke kann in einem Wasserstreifen von 30 m, gemessen von dem dem Land vorgelagerten Schilfgürtel, erfolgen.

Die fischereiberechtigten Personen werden der anderen Seite namentlich mitgeteilt.

Die Boote haben beim Befahren des Gewässers des anderen Staates eine rechteckige blaue Flagge in der Größe 40 × 60 cm zu führen.

Die Fischereiberechtigten weisen sich mit dem gültigen Personalausweis aus.

Schwerin, den 3. Juli 1974

Für die Delegation der Deutschen Demokratischen Republik	Für die Delegation der Bundesrepublik Deutschland
Fenzlein	Dr. Pagel

Protokollvermerk
über den Abbau des grenzüberschreitenden Braunkohlevorkommens im Raum Harbke (Deutsche Demokratische Republik) / Helmstedt (Bundesrepublik Deutschland)

Die Delegation der Deutschen Demokratischen Republik und die Delegation der Bundesrepublik Deutschland in der Grenzkommission erzielten Übereinstimmung, ihren Regierungen vorzuschlagen:

1. Die Regierungen beider Staaten beauftragen die zuständigen Organe/Behörden, Verhandlungen mit dem Ziel aufzunehmen, eine vertragliche Regelung zwischen den Regierungen über den Abbau des grenzüberschreitenden Braunkohlevorkommens zu treffen.
2. Die Delegationen in der Grenzkommission gehen bei ihrem Vorschlag hinsichtlich der zu treffenden vertraglichen Regelung von folgenden Grundsätzen aus:
   - Der Grenzverlauf wird durch den Kohleabbau nicht verändert.
   - Die Markierung der Grenze wird nach der Auskohlung und ggf. der Rekultivierung anhand der Unterlagen wiederhergestellt.
   - Beide Seiten vereinbaren, begrenzt für die Zeit des Kohleabbaus, entsprechend den technischen Erfordernissen die Nutzung von Flächen des Gebietes des anderen Staates sowie die Rechte und Befugnisse der nutzenden Seite auf diesem Gebiet, einschließlich der Begrenzung des Betriebsgeländes.
   - Der Kohlesockel wird unter Berücksichtigung der wirtschaftlichen Interessen und technischen Gesichtspunkte beider Seiten durch beide Seiten oder eine Seite abgebaut.

Schwerin, den 3. Juli 1974

Für die Delegation der Deutschen Demokratischen Republik	Für die Delegation der Bundesrepublik Deutschland
Fenzlein	Dr. Pagel

Protokollvermerk
über Fragen des Eigentums und sonstiger Rechte an Grundstücken im Zusammenhang mit der Überprüfung, Erneuerung und Ergänzung der Markierung des Verlaufs der Grenze zwischen der Bundesrepublik Deutschland und der Deutschen Demokratischen Republik

Die Delegationen der Bundesrepublik Deutschland und der Deutschen Demokratischen Republik in der Grenzkommission, die hierzu von ihren Regierungen bevollmächtigt sind, kommen wie folgt überein:

1. Die Überprüfung, Erneuerung und Ergänzung der Markierung des Verlaufs der Grenze zwischen beiden Staaten

berührt das Eigentum und sonstige Rechte an Grundstücken nicht. Dies gilt auch für solche Grenzabschnitte, an denen die früheren Landes- und Provinzgrenzen durch spätere Vereinbarungen der damaligen Besatzungsmächte verändert wurden. Die Vereinbarung des Zeitpunktes für die Maßgeblichkeit des überprüften Grenzverlaufs und das Eintreten dieses Zeitpunktes haben demzufolge keine Konsequenzen für das Eigentum und sonstige Rechte an Grundstücken.

2. Unbeschadet der Ziffer 1.) werden in der Grenzkommission/der Arbeitsgruppe Grenzmarkierung die begonnenen Gespräche fortgesetzt werden, die den Fragenkomplex von Informationen über Eintragungen in Grundbücher, Grundakten und ähnliche Unterlagen betreffen, soweit diese Unterlagen sich in dem einen Staat befinden, die betroffenen Grundstücke und Grundstücksteile aber nach den Feststellungen/Festlegungen der Grenzkommission zu dem Gebiet des anderen Staates gehören. Dabei wird auch erörtert, ob und inwieweit gegebenenfalls der Protokollvermerk Nr. 6 der Grenzkommission über den Austausch von Kataster-/Liegenschafts- und Vermessungsunterlagen ergänzt werden soll.

Kassel, den 26. September 1974

Für die Delegation der Bundesrepublik Deutschland	Für die Delegation der Deutschen Demokratischen Republik
Dr. Pagel	Kormes

Protokollvermerk
über Betrieb, Kontrolle und Instandhaltung der auf dem Territorium der Deutschen Demokratischen Republik gelegenen Teile der Trinkwasserversorgungsanlage der Gemeinde Heringen, Ortsteil Kleinensee (Bundesrepublik Deutschland)

Die Delegation der Deutschen Demokratischen Republik und die Delegation der Bundesrepublik Deutschland in der Grenzkommission sind von ihren Regierungen bevollmächtigt, folgendes zu vereinbaren:

1. Die Regierung der Deutschen Demokratischen Republik gestattet die Wasserentnahme aus dem in der Anlage 1 zu diesem Protokollvermerk gekennzeichneten Gebiet, höchstens jedoch bis zu 100 m³ pro Tag, einschließlich der Überleitung des Wassers zur Trinkwasserversorgung der Gemeinde Heringen, Ortsteil Kleinensee, durch das dortige Wasserwerk mittels der bestehenden Anlagen und Leitung unter Berücksichtigung der mit den Regelungen dieses Protokollvermerks in Übereinstimmung stehenden bisherigen Übung.

2. Von seiten der Deutschen Demokratischen Republik wird die Kontrolle und die Instandhaltung der Wassergewinnungsanlage sowie der auf dem Gebiet der Deutschen Demokratischen Republik gelegenen, zur Gemeinde Heringen, Ortsteil Kleinensee, führenden Wasserleitung durchgeführt.

3. (1) Die Kontrolle erfolgt vierteljährlich einmal. Kleinere Wartungs- und Instandhaltungsarbeiten werden im Rahmen dieser Kontrolle durchgeführt. Die Ergebnisse der Kontrollen werden schriftlich mitgeteilt.

   (2) Darüber hinausgehende Instandhaltungsarbeiten, einschließlich ihrer Kosten, werden gesondert vereinbart.

4. (1) Von seiten der Bundesrepublik Deutschland wird für die Leistungen gemäß Ziffer 3 (1) und für die Wasserentnahme eine jährliche Pauschale gezahlt.

   (2) Die Zahlungen für die Leistungen gemäß Ziffer 3 (2) werden entsprechend den vereinbarten Kosten vorgenommen.

   (3) Die Zahlungen erfolgen entsprechend der jeweils gültigen Vereinbarung zwischen der Deutschen Demokratischen Republik und der Bundesrepublik Deutschland über den kommerziellen Zahlungs- und Verrechnungsverkehr.

   (4) Die Höhe der Zahlungen gemäß Absatz 1 und die Einzelheiten der Zahlungsmodalitäten werden entsprechend der Anlage 2 zu diesem Protokollvermerk festgelegt.

5. (1) Der Protokollvermerk tritt mit der Unterzeichnung in Kraft.

   (2) Der Protokollvermerk hat eine Gültigkeit von 20 Jahren und verlängert sich um jeweils 5 Jahre, wenn er nicht 2 Jahre vor Ablauf der Gültigkeit gekündigt wird.

Bonn, 3. Februar 1976

Für die Delegation der Deutschen Demokratischen Republik	Für die Delegation der Bundesrepublik Deutschland
Kormes	Dr. Pagel

Anlage 1

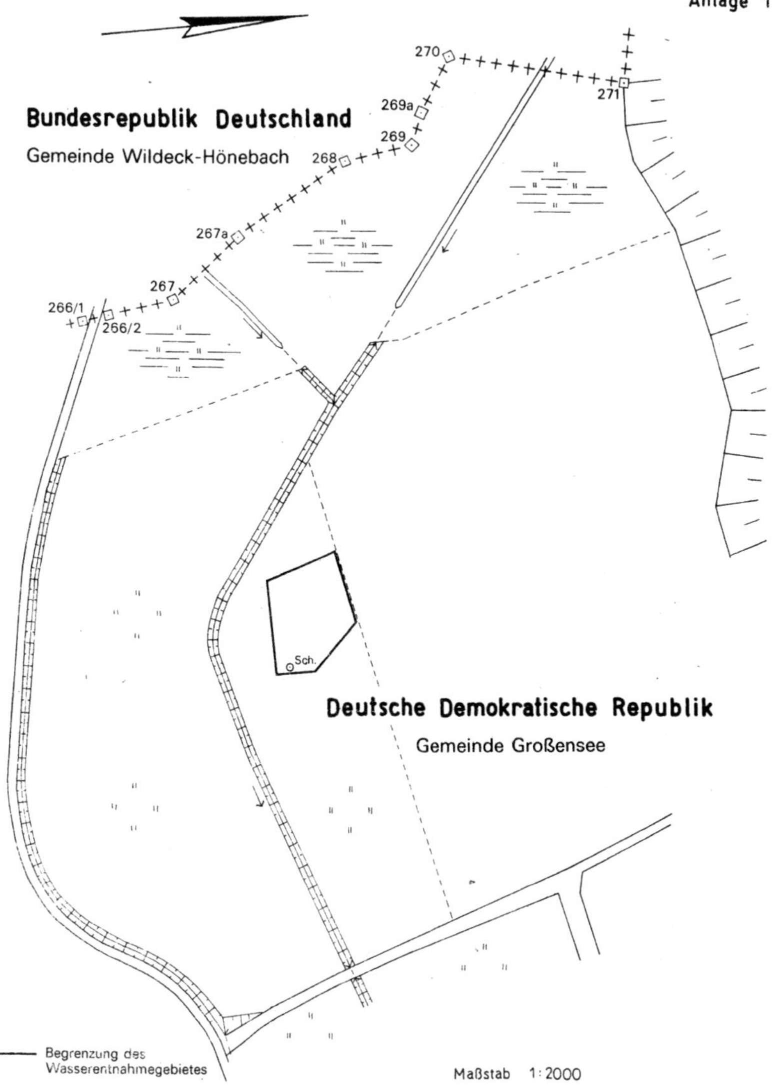
Bundesrepublik Deutschland
Gemeinde Wildeck-Hönebach
270
271
269a
269
268
267a
267
266/1
266/2
Sch.
Deutsche Demokratische Republik
Gemeinde Großensee
Begrenzung des Wasserentnahmegebietes
Maßstab 1:2000

Anlage 2

1. Durch den Protokollvermerk über den Betrieb, die Kontrolle und die Instandhaltung der Trinkwasserversorgungsanlage der Gemeinde Heringen, Ortsteil Kleinensee, bleiben die damit zusammenhängenden, wegen der unterschiedlichen Rechtspositionen nicht geregelten Vermögensfragen unberührt.

2. Die gemäß Ziffer 4 (1) zu zahlende jährliche Pauschale wird für jeweils 5 Jahre auf der Basis der entstehenden Kosten sowie der durchschnittlichen Wasserentnahme entsprechend den für die öffentliche Trinkwasserversorgung auf dem Territorium der Deutschen Demokratischen Republik gültigen Bestimmungen festgelegt.

   Die Höhe der gemäß Ziffer 4 (1) zu zahlenden Pauschale wird für die Jahre 1976–1980 mit 650,00 DM pro Jahr festgesetzt. Außerdem wird im Jahre 1976 für durchgeführte Instandhaltungsarbeiten zusätzlich ein Betrag von 3 550,00 DM gezahlt.

   Die Zahlungen gemäß Ziffer 4 (1) sind bis zum 30. Juni jeden Jahres, die Zahlungen gemäß Ziffer 4 (2) 8 Wochen nach Übermittlung der Forderung fällig.

   Die Zahlungen erfolgen auf das Unterkonto 3 der Staatsbank der Deutschen Demokratischen Republik bei der Deutschen Bundesbank.

3. Die Zuständigkeit für die Behandlung von Fragen, die sich insbesondere aus Ziffer 3 dieses Protokollvermerks ergeben, wird im Rahmen der die Arbeit der Grenzkommission abschließenden Dokumente festgelegt.

   Bis dahin ist die Grenzkommission für die Behandlung dieser Fragen zuständig.

Protokollvermerk über Verfahrensregeln bei wasserwirtschaftlichen Maßnahmen

Die Grenzkommission hat sich über die als Anlage beigefügte Neufassung der Verfahrensregeln für die Vorbereitung und Durchführung wasserwirtschaftlicher Maßnahmen im Rahmen der Vorabanwendung der „Vereinbarung zwischen der Regierung der Deutschen Demokratischen Republik und der Regierung der Bundesrepublik Deutschland über Grundsätze zur Instandhaltung und zum Ausbau der Grenzgewässer sowie der dazugehörigen wasserwirtschaftlichen Anlagen" vom 20. September 1973 geeinigt.

Karl-Marx-Stadt, den 18. März 1976

Für die Delegation der Deutschen Demokratischen Republik	**Für die Delegation der Bundesrepublik Deutschland**
Kormes	Dr. Pagel

Anlage

Verfahrensregeln für die Vorbereitung und Durchführung wasserwirtschaftlicher Maßnahmen im Rahmen der Vorabanwendung der „Vereinbarung zwischen der Regierung der Deutschen Demokratischen Republik und der Regierung der Bundesrepublik Deutschland über Grundsätze zur Instandhaltung und zum Ausbau der Grenzgewässer sowie der dazugehörigen wasserwirtschaftlichen Anlagen" vom 20. September 1973 in der Fassung vom 18. März 1976 (Verfahrensregeln – wasserwirtschaftliche Maßnahmen)

1. Vorbereitung der wasserwirtschaftlichen Maßnahmen

1.1. Mit der Vorbereitung wasserwirtschaftlicher Maßnahmen an Grenzgewässern (im folgenden Maßnahmen genannt) werden Mitglieder der Grenzkommission betraut. Experten können hinzugezogen werden.

1.2. Jede Seite übergibt der anderen Seite ihre Vorschläge für Maßnahmen, sofern diese der Abstimmung und Vereinbarung bedürfen. Im erforderlichen Umfang sind Lagepläne, technische Beschreibungen, Längs- und Querschnitte beizufügen.

1.3. Beide Seiten klären insbesondere folgende Punkte:
- vorgesehene Gewässerabschnitte
- Art und Umfang der Maßnahme
- durchführende Seite
- Zeitraum der Durchführung
- Festlegungen, insbesondere für das Betreten des Gebietes des anderen Staates.

1.4. Beide Seiten überzeugen sich, daß Klarheit über den Grenzverlauf erzielt ist.

1.5. Ausbau/Instandsetzung von Grenzgewässern, die bisher nicht im Katalog der grenzbildenden Gewässer erfaßt sind, erfolgt so, daß die in der Grenzdokumentation enthaltene Grenze nach Abschluß der Maßnahme grundsätzlich in der Mitte des ausgebauten/instandgesetzten Grenzgewässers liegt.

1.6. Sind zur Projektierung von wasserwirtschaftlichen Maßnahmen geodätische Arbeiten erforderlich, werden diese durch die die Maßnahme durchführende Seite sichergestellt. Erforderlichenfalls ist eine Verständigung darüber mit der anderen Seite herbeizuführen.

1.7. Die Vorbereitung wird in der Regel während der Sitzungen der Grenzkommission vorgenommen.

1.8. Die Maßnahmen werden für den Zeitraum eines Jahres in einem Protokollvermerk der Grenzkommission vereinbart. Ergänzungen können in begründeten Fällen vorgenommen werden.

2. Durchführung der vereinbarten Maßnahmen

2.1. Die durchführende Seite stellt sicher, daß vor Beginn der Maßnahmen die mit der Durchführung Beauftragten in den Grenzverlauf und die Markierung eingewiesen sind. Der Grenzverlauf und die Markierung dürfen durch die Maßnahmen nicht beeinträchtigt werden.

2.2. Bei Ausbau- und Instandsetzungsarbeiten ist die definierte Lage der Grenze von der die Maßnahme durchführenden Seite durch Geodäten zu erhalten.

2.3. Jede der beiden Seiten kann das für die Durchführung von Maßnahmen vereinbarte Gebiet für die Dauer der Arbeiten kennzeichnen, auch wenn es sich um Gebiet des anderen Staates handelt.

2.4. Die Arbeiten werden, sofern im Protokollvermerk der Grenzkommission nichts anderes vereinbart ist, vom eigenen Gebiet aus durchgeführt. Wird bei der Durchführung der Maßnahmen oder zur Erhaltung bzw. Überprüfung der definierten Lage der Grenze ein Betreten des Gebietes der anderen Seite erforderlich und ist es nicht bereits vereinbart, geschieht es nur mit Zustimmung der anderen Seite.

2.5. Beide Seiten informieren sich gegenseitig jeweils mindestens eine Woche vor Beginn der vereinbarten Maßnahmen über den Termin des Beginns und die voraussichtliche Dauer der Arbeiten.

Die Information erfolgt fernschriftlich durch die Beauftragten der Grenzkommission, die von beiden Seiten namentlich benannt werden.

3. Unterrichtung über nicht vereinbarungsbedürftige Maßnahmen

Die Unterrichtung über nicht vereinbarungsbedürftige Maßnahmen erfolgt schriftlich in der Grenzkommission oder fernschriftlich durch die Beauftragten der Grenzkommission.

Die Unterrichtung erfolgt mindestens eine Woche vor Beginn der Maßnahmen.

4. Ortsbesichtigungen

Ortsbesichtigungen bedürfen der Billigung durch die Grenzkommission oder die Delegationsleiter beider Seiten. Kann diese Billigung in dringenden Einzelfällen nicht rechtzeitig eingeholt werden, vereinbaren die in Ziffer 1.1. genannten Mitglieder der Grenzkommission Ortsbesichtigungen.

5. Berichterstattung

Die in Ziffer 1.1. genannten Mitglieder berichten der Grenzkommission über die Ergebnisse ihrer Arbeit.

6. Grenzgewässerverzeichnis

6.1. Beide Seiten stellen ein Grenzgewässerverzeichnis auf.

6.2. Für grenzbildende Gewässer wird der Katalog der grenzbildenden Gewässer benutzt.

7. Grundlagen

Grundlagen für Maßnahmen an Grenzgewässern sind:

- die Aufgabenstellung der Grenzkommission
- die Vereinbarung über Grundsätze zur Instandhaltung und zum Ausbau der Grenzgewässer sowie der dazugehörigen wasserwirtschaftlichen Anlagen vom 20. September 1973
- Protokollvermerke der Grenzkommission – Durchführung wasserwirtschaftlicher Maßnahmen
- Verfahrensregeln – wasserwirtschaftliche Maßnahmen
- Grundsätze – Grenzmarkierung – in entsprechender Anwendung

**Protokollvermerk
über die Beseitigung des im Bereich
des Grundstückes „Zur Bergmühle“
(Bundesrepublik Deutschland)
anfallenden Oberflächenwassers
und gereinigten Abwassers**

Die Delegation der Deutschen Demokratischen Republik und die Delegation der Bundesrepublik Deutschland in der Grenzkommission sind von ihren Regierungen bevollmächtigt, folgendes zu vereinbaren:

1. Die Regierung der Deutschen Demokratischen Republik gestattet nach Maßgabe dieses Protokollvermerkes die Nutzung von Territorium der Deutschen Demokratischen Republik zur Beseitigung des im Bereich des Grundstückes „Zur Bergmühle“ (Bundesrepublik Deutschland) anfallenden Oberflächenwassers und gereinigten Abwassers.

2. Zur Ableitung des Oberflächenwassers und des Abwassers auf das Territorium der Deutschen Demokratischen Republik wird im Grenzabschnitt 51 b zwischen den Grenzpunkten 411/4 und 411/5 eine grenzüberschreitende Rohrleitung bis in den Unterwassergraben des ehemaligen Triebwerkkanales verlegt. Der Durchmesser der Leitung auf dem Territorium der Deutschen Demokratischen Republik beträgt NW 150 mm, die Länge der Leitung ca. 15 m.

   Im Einmündungsbereich der Rohrleitung wird der Unterwassergraben mit grobem Steinmaterial teilverfüllt.

3. Die Bauarbeiten werden in der Zeit vom 17. Oktober bis 16. Dezember 1977 von seiten der Bundesrepublik Deutschland ausgeführt.

   Der genaue Beginn und die voraussichtliche Dauer der Arbeiten werden dem Leiter der Delegation der Deutschen Demokratischen Republik in der Grenzkommission mindestens vierzehn Tage vor Beginn mitgeteilt.

4. Zur Durchführung der Arbeiten wird vier Arbeitskräften der Bundesrepublik Deutschland der Aufenthalt auf dem Territorium der Deutschen Demokratischen Republik auf einem 15 m breiten Geländestreifen entlang der zu verlegenden Leitung und im Einmündungsbereich des Unterwassergrabens des ehemaligen Triebwerkkanales gestattet. Die Gestattung umfaßt die Mitnahme des technischen Gerätes – 1 Bagger, 1 LKW, Kleingeräte – und des Baumaterials.

   Zutritt und Zufahrt vom Gebiet der Bundesrepublik Deutschland aus erfolgen im Bereich des bezeichneten Geländestreifens.

5. Die Arbeiten werden werktags in der Zeit von 8.00 bis 16.00 Uhr ausgeführt. Die eingesetzten Geräte sind täglich mit Arbeitsschluß zurückzuführen.

6. Seitens der Bundesrepublik Deutschland ist nach Abschluß der Arbeiten das genutzte Gelände ordnungsgemäß wieder herzustellen.

7. Erforderlich werdende Instandhaltungsarbeiten werden gesondert vereinbart.

8. Die Ableitung des Oberflächenwassers und des Abwassers darf zu keinen seuchenhaften und anderen Gefährdungen auf dem Territorium der Deutschen Demokratischen Republik führen.

Schwerin, den 15. September 1977

Für die Delegation der Deutschen Demokratischen Republik	Für die Delegation der Bundesrepublik Deutschland
Kormes	Dr. Pagel

Protokollvermerk
über die Generalüberholung
des auf dem Territorium
der Deutschen Demokratischen Republik
verlaufenden Abschnittes der Eckerfernwasserleitung

Die Delegation der Deutschen Demokratischen Republik und die Delegation der Bundesrepublik Deutschland in der Grenzkommission kommen in Anwendung der Vereinbarung vom 3. Mai 1978 zwischen der Regierung der Deutschen Demokratischen Republik und der Regierung der Bundesrepublik Deutschland über die Regelung von Fragen betreffend die Eckertalsperre und die Eckerfernwasserleitung im Auftrag ihrer Regierungen wie folgt überein:

1. Auf der Grundlage der Vereinbarung zwischen der Regierung der Deutschen Demokratischen Republik und der Regierung der Bundesrepublik Deutschland über die Regelung von Fragen betreffend die Eckertalsperre und die Eckerfernwasserleitung – im folgenden Vereinbarung genannt – und des hierzu gehörigen Protokollvermerkes wird zur Instandhaltung des auf dem Territorium der Deutschen Demokratischen Republik verlaufenden Abschnittes der Eckerfernwasserleitung – im folgenden Leitungsabschnitt genannt – in den Monaten Mai bis Dezember 1978 eine Generalüberholung durch das zuständige Wasserversorgungsunternehmen der Bundesrepublik Deutschland durchgeführt.

2. Zur Durchführung der Generalüberholung wird zwei Bautrupps mit je zehn Arbeitskräften und zwei Bauleitern der Aufenthalt auf dem Gebiet der Deutschen Demokratischen Republik auf einem 15 Meter breiten Geländestreifen entlang des Leitungsabschnittes gestattet. Zutritt und Zufahrt zum Leitungsabschnitt erfolgen über die in Ziffer 2 Absatz 4 des zur Vereinbarung gehörigen Protokollvermerkes bezeichneten Stellen sowie über zusätzliche Behelfsüberfahrten, die zwischen diesen Stellen entsprechend den arbeitstechnischen Erfordernissen eingerichtet werden.

3. Die Durchführung der Generalüberholung erfolgt werktäglich in den Monaten Mai bis September in der Zeit von 07.00 bis 18.00 Uhr, in den Monaten Oktober bis Dezember in der Zeit von 08.00 bis 16.00 Uhr.

4. Die Generalüberholung umfaßt die Sicherung sämtlicher Muffenverbindungen einschließlich notwendiger Isolierungsarbeiten, die Auswechselung oder Ausbesserung schadhafter Rohrleitungsstücke und Armaturen sowie die dafür erforderlichen Nebenarbeiten wie zum Beispiel die Räumung der Zufahrtswege und des 15 Meter breiten Geländestreifens entlang des Leitungsabschnittes.

5. Für die Arbeiten können zwei Bagger, drei Transportfahrzeuge, eine Planierraupe, zwei Kompressoren, Pumpen, zwei Stromerzeuger, Kleingeräte und die erforderlichen Materialien eingesetzt werden.

   Die eingesetzten Geräte, die nicht verbrauchten und ausgebauten Materialien sowie das bei der Räumung gemäß Ziffer 4 Absatz 1 anfallende Holz und Strauchwerk werden auf das Gebiet der Bundesrepublik Deutschland zurückgeführt beziehungsweise verbracht.

6. Durch die Deutsche Demokratische Republik wird zum vereinbarten Termin die erforderliche Baufreiheit gesichert.

7. Durch die Bundesrepublik Deutschland werden nach Abschluß der Arbeiten die erforderlichen Maßnahmen zur Wiederherstellung eines ordnungsgemäßen Zustandes (Bodenbefestigung, Wiederbepflanzung) ausgeführt.

8. Abweichungen von den in den Ziffern 1 bis 5 getroffenen Festlegungen, die sich aus technischen Gründen ergeben, sind zwischen den Beauftragten abzustimmen.

Berlin, den 3. Mai 1978

Für die Delegation der Deutschen Demokratischen Republik	Für die Delegation der Bundesrepublik Deutschland
Kormes	Dr. Pagel

Anhang III zum Protokoll zwischen der Regierung der Deutschen Demokratischen Republik und der Regierung der Bundesrepublik Deutschland über die Überprüfung, Erneuerung und Ergänzung der Markierung der zwischen der Deutschen Demokratischen Republik und der Bundesrepublik Deutschland bestehenden Grenze, die Grenzdokumentation und die Regelung sonstiger mit dem Grenzverlauf im Zusammenhang stehender Probleme

Vereinbarungen gemäß Artikel 3

Vereinbarung zwischen der Regierung der Deutschen Demokratischen Republik und der Regierung der Bundesrepublik Deutschland über Grundsätze zur Schadensbekämpfung an der Grenze zwischen der Deutschen Demokratischen Republik und der Bundesrepublik Deutschland

Artikel 1

Diese Grundsätze gelten, soweit nicht spezielle Regelungen getroffen wurden oder werden.

Artikel 2

Schadensfälle, auf die sich die Bekämpfung und die Information zur Verhinderung des Entstehens oder der Ausbreitung von Schäden sowie die Aufklärung beziehen, sind insbesondere

a) Brände, wenn die Gefahr des Übergreifens auf das Hoheitsgebiet – im folgenden Gebiet genannt – des anderen Staates besteht;

b) Hochwasser, Eisgefahren in Grenzgewässern und Unterbrechung der Vorflut;

c) Sturm- und Bergschäden am unmittelbaren Verlauf der Grenze;

d) seuchenhafte Erkrankungen bei Menschen und Tieren im Grenzgebiet, einschließlich Wildseuchen;

e) Auftreten von Wald- und Feldschädlingen sowie von Pflanzenkrankheiten und Unkrautbefall im Grenzgebiet;

f) Ölschäden und andere Schäden, die im Grenzgebiet entstehen oder auftreten und zum Eindringen von Wasserschadstoffen in die Grenzgewässer und das Grundwasser sowie zur Verseuchung des Bodens führen, soweit sich Auswirkungen auf dem Gebiet des anderen Staates ergeben können;

g) Verunreinigungen der Luft, die im Grenzgebiet entstehen oder dort auftreten, soweit eine unmittelbare Gefahr für Menschen, Tiere oder Pflanzen auf dem Gebiet des anderen Staates eintreten kann;

h) Explosionen sowie Sprengungen an der Grenze, soweit diese Auswirkungen auf das Gebiet des anderen Staates haben können;

i) Schäden, die durch Verkehrsunfälle im unmittelbaren Bereich der Grenze entstehen;

j) Strahlengefahren.

Artikel 3

(1) Die Information des anderen Staates über eingetretene oder drohende Schadensfälle erfolgt kurzfristig an dessen ständige Vertretung.

(2) Wenn durch eine unverzügliche Einleitung von Sofortmaßnahmen Schäden auf dem Gebiet des anderen Staates verhindert werden können, erfolgt der Austausch der Informationen mündlich zwischen den Grenztruppen der Deutschen Demokratischen Republik und den Grenzsicherungsorganen der Bundesrepublik Deutschland oder fernmündlich an eigens dafür bestimmten Punkten der Grenze, die in der Anlage aufgeführt sind.

(3) Bis zur Einrichtung der in Absatz 1 und Artikel 5 genannten ständigen Vertretungen gemäß Artikel 8 des Vertrages über die Grundlagen der Beziehungen zwischen der Deutschen Demokratischen Republik und der Bundesrepublik Deutschland vom 21. Dezember 1972 werden deren Aufgaben nach dieser Vereinbarung von den beiden Delegationen in der Grenzkommission wahrgenommen.

Artikel 4

(1) Jede Seite wird alle möglichen Maßnahmen ergreifen, um den Eintritt von Schäden auf dem Gebiet des anderen Staates, die ihre Ursachen auf dem Gebiet des eigenen Staates haben, zu verhindern.

(2) Einheiten des Katastrophenschutzes und der Feuerwehr sowie Kräfte und Mittel des Rettungsdienstes und des Gesundheitswesens kommen grundsätzlich nur auf dem eigenen Gebiet zum Einsatz.

(3) Ist bei Schadensfällen in unmittelbarer Nähe der Grenze eine wirksame Bekämpfung durch die Seite, auf deren Gebiet der Schadensfall eingetreten ist, nicht möglich, kann im gegenseitigen Einvernehmen die andere Seite Hilfe leisten.

Artikel 5

Schadensfälle werden von jeder Seite in eigener Zuständigkeit untersucht.

Erforderlichenfalls können im gegenseitigen Einvernehmen Vertreter der anderen Seite hinzugezogen werden.

Über die Ergebnisse der Untersuchung wird ein Protokoll angefertigt. Vorhandene Beweisgegenstände (zum Beispiel Fotos und Fotokopien) sind dem Protokoll beizufügen.

Die weitere Bearbeitung zur Regulierung der Schadensfälle erfolgt über die ständigen Vertretungen beider Staaten, falls für den speziellen Fall zwischen den zuständigen zentralen Organen/Behörden beider Staaten nichts Abweichendes vereinbart wird.

Geschehen in Bonn am 20. September 1973 in zwei Urschriften in deutscher Sprache.

Für die Regierung der Deutschen Demokratischen Republik	**Für die Regierung der Bundesrepublik Deutschland**
Klobes	Dr. Pagel

Anlage
zu der Vereinbarung
über Grundsätze zur Schadensbekämpfung

Grenzinformationspunkte und Zuständigkeitsbereiche bei Schadensfällen

Nr.	Grenzübergangsstelle		Zuständigkeitsbereich	
	Deutsche Demokratische Republik	Bundesrepublik Deutschland	Deutsche Demokratische Republik	Bundesrepublik Deutschland
1	Selmsdorf	Lübeck-Schlutup	Priwall bis Bacheinmündung von Osten in die Wakenitz (südlich Herrnburg)	Priwall bis Absalonshorst
2	Horst	Lauenburg	Bacheinmündung von Osten in die Wakenitz (südlich Herrnburg) bis Elbe	Absalonshorst bis Elbe
3	Cumlosen	Schnackenburg	Elbabschnitt	Elbabschnitt
4	Salzwedel	Uelzen	Elbe bis Straße Waddekath	Elbe bis Straße Wittingen
5	Oebisfelde	Vorsfelde	Straße Waddekath bis Straße Weferlingen	Straße Wittingen bis Straße Grasleben
6	Marienborn	Helmstedt	Straße Weferlingen bis Straße Hoppenstedt	Straße Grasleben bis Straße Hornburg
7	Ellrich	Herzberg	Straße Hoppenstedt bis Straße Zwinge	Straße Hornburg bis Straße Hilkerode
8	Worbis	Duderstadt	Straße Zwinge bis Straße Hohengandern	Straße Hilkerode bis Straße Witzenhausen
9	Wartha	Herleshausen	Straße Hohengandern bis Straße Birx	Straße Witzenhausen bis Straße Seiferts
10	Meiningen	Neustadt an der Saale	Straße Birx bis Straße Käßlitz	Straße Seiferts bis Straße Gleismuthhausen
11	Eisfeld	Coburg	Straße Käßlitz bis Straße Liebau	Straße Gleismuthhausen bis Straße Mitwitz
12	Probstzella	Ludwigsstadt	Straße Liebau bis Straße Blankenstein	Straße Mitwitz bis Straße Eichenstein
13	Hirschberg	Rudolphstein	Straße Blankenstein bis Straße Juchhöh	Straße Eichenstein bis Straße Töpen
14	Gutenfürst	Hof	Straße Juchhöh bis Grenze Deutsche Demokratische Republik/Tschechoslowakische Sozialistische Republik	Straße Töpen bis Grenze Bundesrepublik Deutschland/Tschechoslowakische Sozialistische Republik

Vereinbarung zwischen der Regierung der Deutschen Demokratischen Republik und der Regierung der Bundesrepublik Deutschland über Grundsätze zur Instandhaltung und zum Ausbau der Grenzgewässer sowie der dazugehörigen wasserwirtschaftlichen Anlagen

Diese Grundsätze erstrecken sich, soweit nicht besondere Regelungen getroffen wurden oder werden, auf

- die Instandhaltung und den Ausbau der Grenzgewässer sowie den Schutz der Überschwemmungsgebiete vor Wassererosionen;
- die Instandhaltung, den Ausbau und den Betrieb der zu Grenzgewässern gehörigen wasserwirtschaftlichen Anlagen einschließlich der Deiche;

im weiteren als Maßnahmen bezeichnet.

Artikel 1

(1) Beide Regierungen gehen bei der Durchführung von Maßnahmen von der Verantwortlichkeit jedes Staates auf seinem Hoheitsgebiet – im folgenden Gebiet genannt – aus.

(2) Maßnahmen an Grenzgewässern haben keine Veränderung des Verlaufs der Grenze zur Folge. Die Veränderung des Charakters der Grenze (Gewässer- oder Landgrenze) durch Maßnahmen bedarf der vorherigen Vereinbarung.

(3) Bei der Durchführung von Maßnahmen dürfen Grenzzeichen nicht beschädigt werden. Auswirkungen auf die Markierung der Grenze bedürfen der vorherigen Vereinbarung.

(4) Die Maßnahmen werden in dem erforderlichen Umfang entsprechend den örtlichen Gegebenheiten getroffen, um geregelte Abfluß- und Vorflutverhältnisse zu gewährleisten.

(5) Beide Seiten unterrichten sich über die vorgesehenen Maßnahmen.

(6) Sofern Maßnahmen Auswirkungen auf das Gebiet des anderen Staates haben, bedürfen sie der Abstimmung zwischen beiden Seiten.

(7) Entsteht durch Maßnahmen eines Staates ein erheblicher Nutzen für den anderen Staat, ist ein angemessener Kostenausgleich zu vereinbaren.

(8) Bei der Durchführung von Maßnahmen sind wesentliche Beeinträchtigungen der Grenzgewässer und der dazugehörigen wasserwirtschaftlichen Anlagen einschließlich der Deiche, der Gewässernutzung und des Gebietes des anderen Staates zu vermeiden. Für wesentliche Beeinträchtigungen sind Entschädigungsleistungen zu erbringen; dabei sind gleichzeitig eintretende wesentliche Vorteile anzurechnen. Die vorübergehende Ablagerung von Aushubmassen und die Einebnung nicht wachstumsschädlicher Aushubmassen erfolgen ohne Entschädigungsleistung.

(9) Die Absätze 5–8 gelten auch für Maßnahmen an Oberflächengewässern im Grenzgebiet, die nicht zu den Grenzgewässern gehören, sofern dadurch Interessen des anderen Staates wesentlich nachteilig beeinflußt würden.

(10) Die für diese Grundsätze geltenden Begriffsbestimmungen ergeben sich aus der Anlage.

Artikel 2

(1) Beide Seiten vereinbaren entsprechend den örtlichen Erfordernissen die Aufteilung, die Art und den Umfang der jeweils für bestimmte Zeitabschnitte durchzuführenden Maßnahmen. Sofern es die Gegebenheiten erfordern, wird vereinbart, in welchen Abschnitten der Grenzgewässer und bei welchen dazugehörigen wasserwirtschaftlichen Anlagen einschließlich der Deiche Maßnahmen von einer Seite allein oder im Wechsel durchgeführt werden. Für diese Fälle sind Festlegungen über die Instandhaltungsgrenze zu treffen.

(2) Für die Durchführung von Maßnahmen auf dem Gebiet des anderen Staates sind Vereinbarungen zwischen beiden Seiten zu treffen. Solche Vereinbarungen sind nicht erforderlich, wenn der Geländestreifen, der zur Durchführung von Maßnahmen betreten werden muß, eine Breite von 1 m – in Ausnahmefällen bis zu 5 m – ab Böschungsoberkante landwärts nicht überschreitet.

In diesen Fällen bedarf es der vorherigen Unterrichtung der anderen Seiten über den Zeitpunkt der Arbeit. Zwischen den beiden Seiten wird vereinbart, in welchen Gewässerabschnitten dieses Prinzip Anwendung finden kann und in welchen Gewässerabschnitten eine größere Breite als 1 m erforderlich ist.

(3) Für den Aufenthalt von Arbeitskräften auf dem Gebiet des anderen Staates zur Durchführung von Maßnahmen gelten die Bestimmungen des Aufenthaltsstaates beziehungsweise die vereinbarten Bedingungen.

(4) Zur Durchführung von Maßnahmen auf dem Gebiet des anderen Staates sind nur Beauftragte der zuständigen Organe/Behörden der Wasserwirtschaft berechtigt.

(5) Das für die Durchführung von Maßnahmen vereinbarte Gebiet kann gekennzeichnet werden.

(6) Erste Hilfe und Unfallhilfe, soziale Betreuung und die Gewährleistung der Nachrichtenverbindung zu den mit der Ausführung der Arbeiten Beschäftigten erfolgt durch den Staat, durch den die Arbeiten durchgeführt werden.

Hilfsmaßnahmen des anderen Staates werden dadurch nicht ausgeschlossen.

Geschehen in Bonn am 20. September 1973 in zwei Urschriften in deutscher Sprache.

Für die Regierung der Deutschen Demokratischen Republik	Für die Regierung der Bundesrepublik Deutschland
Klobes	Dr. Pagel

Anlage

zu der Vereinbarung über
Grundsätze zur Instandhaltung und zum Ausbau
der Grenzgewässer sowie der dazugehörigen
wasserwirtschaftlichen Anlagen

Begriffsbestimmungen:

1. **Oberflächengewässer**

   In der Natur fließendes oder stehendes Wasser des Festlandes einschließlich Gewässerbett.

2. **Grenzgewässer**

   Oberflächengewässer im Grenzgebiet, in denen oder an deren Uferlinie die Grenze verläuft oder die durch die Grenze geschnitten werden.

3. **Zu den Grenzgewässern gehörige wasserwirtschaftliche Anlagen**

   Wasserwirtschaftliche Anlagen (zum Beispiel Wehre, Düker, Durchlässe), die in den Grenzgewässern oder an deren Ufern liegen, einschließlich der zu den Grenzgewässern gehörigen Deiche.

4. **Instandhaltung**

   Gesamtheit aller zur Erhaltung beziehungsweise Wiederherstellung der Funktionsfähigkeit der Oberflächengewässer an Sohle und Böschungen einschließlich deren Befestigung bis zur Grenze beziehungsweise einer vereinbarten Instandhaltungsgrenze durchzuführenden Arbeiten, wie Krautung, Freihaltung, Holzung, Grundräumung und Pflege von Befestigungen sowie Erhaltung beziehungsweise Wiederherstellung der Funktionsfähigkeit der wasserwirtschaftlichen Anlagen einschließlich der Deiche.

5. **Ausbau**

   Wasserwirtschaftliche Maßnahmen, die eine Veränderung der Leistungsfähigkeit der Oberflächengewässer, wie zum Beispiel Vergrößerungen des Abflußquerschnittes, teilweise Änderung der Linienführung einschließlich vereinzelter Durchstiche oder streckenweise Verbesserung des Gefälles mit sich bringen sowie Maßnahmen zur Erhöhung und Verstärkung von Deichen.

Protokollvermerk
über den Austausch
von Liegenschafts-/Kataster- und Vermessungsunterlagen

Die Leiter der Delegationen der Bundesrepublik Deutschland und der Deutschen Demokratischen Republik in der Grenzkommission sind von ihren Regierungen bevollmächtigt, folgendes zu erklären:

1. Die als Anlage beigefügten „Grundsätze für den Austausch von Liegenschafts-/Kataster- und Vermessungsunterlagen im Zusammenhang mit vollzogenen Gebietsänderungen an der Grenze zwischen der Bundesrepublik Deutschland und der Deutschen Demokratischen Republik" werden bestätigt.
2. Diese Grundsätze treten mit den die Tätigkeit der Grenzkommission abschließenden Dokumenten in Kraft.
3. Die Grundsätze können unter der Voraussetzung vorab angewendet werden, daß in Gebietsteilen gemäß Ziffer 1 der genannten Grundsätze der Verlauf der Grenze festgestellt und darüber eine Übereinstimmung in der Grenzkommission durch Billigung des Ergebnisprotokolls über den Abschluß der Überprüfung, Vermarkung und Vermessung des Verlaufs der Grenze gemäß Protokollvermerk Nr. 4 der Arbeitsgruppe Grenzmarkierung, Anlage 3 erzielt ist.

   Ort, Zeitpunkt und Verfahrensweise für den Austausch der Unterlagen gemäß Ziffer 3 der genannten Grundsätze werden durch die Arbeitsgruppe Grenzmarkierung vereinbart.

Wolfsburg, den 6. Dezember 1973

Für die Delegation der Bundesrepublik Deutschland	Für die Delegation der Deutschen Demokratischen Republik
Dr. Pagel	Klobes

Anlage

Grundsätze
für den Austausch
von Liegenschafts-/Kataster- und Vermessungsunterlagen
im Zusammenhang
mit vollzogenen Gebietsänderungen
an der Grenze
zwischen der Bundesrepublik Deutschland
und der Deutschen Demokratischen Republik

1. Nach den Feststellungen der Grenzkommission gehören an der Grenze zwischen der Bundesrepublik Deutschland und der Deutschen Demokratischen Republik Gebiete zur Bundesrepublik Deutschland bzw. zur Deutschen Demokratischen Republik, für die Liegenschafts-/Kataster- und Vermessungsunterlagen nicht bzw. nicht vollständig ausgetauscht worden sind.
2. Beide Seiten stimmen darin grundsätzlich überein, die noch in ihrem Besitz befindlichen Liegenschafts-/Kataster- und Vermessungsunterlagen in dem Umfange auszutauschen, in dem sich diese auf die von den Änderungen betroffenen Gebiete (vgl. Ziffer 1) beziehen.
3. Zu den Liegenschafts-/Kataster- und Vermessungsunterlagen, die entsprechend diesen Grundsätzen ausgetauscht werden sollen, gehören:

   (1) das Liegenschaftskartenwerk/Flurkartenwerk:

   Flurkarten einschließlich der dazugehörigen Ergänzungsblätter und Beiblätter,
   Bodenschätzungskarten,
   die Herausgabeoriginale der Flurkarten und der Bodenschätzungskarten, wie:
   Mutterpausen,
   Gemarkungsurkarten,
   Schätzungsurkarten;

(2) das Vermessungszahlenwerk, insbesondere:

Vermessungsrisse (Stückvermessungsrisse, Neuvermessungsrisse, Fortführungsrisse, Feldbücher),

Winkelbücher,

Koordinatenverzeichnisse,

Ergänzungskarten;

(3) Polygonakten;

Zu (1)–(3) auch soweit sie zum Zeitpunkt der Gebietsänderung (vgl. Ziffer 1) nicht mehr rechtsgültig gewesen sind.

(4) gültige Flurbücher.

Dem Wunsch nach einem Austausch weiterer Liegenschafts-/Kataster- und Vermessungsunterlagen kann im Einzelfall entsprochen werden.

4. Anstelle der Urschriften der Liegenschafts-/Kataster- und Vermessungsunterlagen können auch Kopien oder beglaubigte Abschriften bzw. Auszüge ausgetauscht werden, insbesondere dann, wenn sich die Unterlagen nur teilweise auf die betroffenen Gebiete (vgl. Ziffer 1) beziehen.

5. Die nach diesen Grundsätzen von beiden Seiten für den Austausch vorgesehenen Liegenschafts-/Kataster- und Vermessungsunterlagen sind in Übersichten, abschnittsweise gegliedert, gemäß Ziffer 3 zu bezeichnen. Die Übergabe dieser Unterlagen erfolgt jeweils für zu vereinbarende Abschnitte.

Protokollvermerk
über Informationen bei Hochwassergefahren
gemäß der „Vereinbarung zwischen der Regierung
der Deutschen Demokratischen Republik
und der Regierung der Bundesrepublik Deutschland
über Grundsätze zur Schadensbekämpfung
an der Grenze
zwischen der Deutschen Demokratischen Republik
und der Bundesrepublik Deutschland“
(Grundsätze zur Schadensbekämpfung)
vom 20. September 1973

Die Delegationen der Deutschen Demokratischen Republik und der Bundesrepublik Deutschland sind von ihren Regierungen bevollmächtigt, folgendes zu erklären:

1. Die zuständigen zentralen Organe der Deutschen Demokratischen Republik werden an die zuständigen Behörden der Bundesrepublik Deutschland für folgende Gewässer bzw. Pegelstationen Informationen über Wasserstände, Abflüsse und die voraussichtliche Entwicklung des Abflußgeschehens übermitteln:

Gewässer	Pegelstation	Wasserstand Meldegrenze (cm)	Wasserstand Meldestufe (cm)
Elbe	Barby	500	50
Elbe	Wittenberge	450	50
Jeetze	Salzwedel	130	20
Aller	Weferlingen	135	30
Werra	Meiningen	270	60
Werra	Dorndorf	320	40
Steinach	Steinach	100	30

2. Die zuständigen Behörden der Bundesrepublik Deutschland werden an die zuständigen Organe der Deutschen Demokratischen Republik für folgende Gewässer bzw. Pegelstationen Informationen über Wasserstände, Abflüsse und die voraussichtliche Entwicklung des Abflußgeschehens übermitteln:

Gewässer	Pegelstation	Wasserstand Meldegrenze (cm)	Wasserstand Meldestufe (cm bzw. Uhrzeit)
Ulster	Günthers	180	40
Sächs. Saale	Hof	310	7.00, 13.00, 19.00

3. Informationen werden fernschriftlich übermittelt und enthalten neben der Kennzeichnung „Hochwasser“ folgende Angaben:

– Gewässer
– Pegelstation
– Uhrzeit der Ablesung
– Wasserstand in cm
– Abfluß in m^3/s
– Tendenz
– Besonderheiten (insbesondere Eisaufbruch, Eisversetzung)

Für die Elbe wird als Tendenz eine Hochwasservorhersage für die Pegelstation Wittenberge gegeben, sobald der Hochwasserscheitel den Pegel Barby erreicht hat bzw. eine Änderung der ersten Vorhersage erforderlich ist.

4. Die zuständigen Organe der Deutschen Demokratischen Republik und die zuständigen Behörden der Bundesrepublik Deutschland tauschen für die Pegelstationen folgende Stammdaten aus:

– Lage am Wasserlauf
– Größe des Niederschlagsgebietes
– Hauptzahlen der Wasserstände und Abflüsse ab Mittelwasser
– Pegelnullpunkt
– Abflußtafel

Wesentliche Änderungen von Stammdaten werden gegenseitig mitgeteilt.

5. Der Austausch der Informationen erfolgt zwischen den zuständigen Organen/Behörden. Beide Seiten benennen sich die Beauftragten in geeigneter Form.

6. Für die unter Ziffer 1 und 2 nicht genannten Grenzgewässer werden bei lokalen extremen Abflüssen Informationen gemäß Art. 3 der Grundsätze zur Schadensbekämpfung übermittelt.

7. Die Festlegungen dieses Protokollvermerkes treten zusammen mit den Grundsätzen zur Schadensbekämpfung in Kraft.
   Dieser Protokollvermerk wird vom Tage der Unterzeichnung an vorab angewandt.

Rostock, den 11. Dezember 1975

Für die Delegation der Deutschen Demokratischen Republik	Für die Delegation der Bundesrepublik Deutschland
Kormes	Dr. Pagel

Protokollvermerk über forstwirtschaftliche Arbeiten in unmittelbarer Grenznähe

Die Delegation der Deutschen Demokratischen Republik und die Delegation der Bundesrepublik Deutschland in der Grenzkommission, die hierzu von ihren Regierungen bevollmächtigt sind, kommen überein:

1. Durch die Regierung der Deutschen Demokratischen Republik und die Regierung der Bundesrepublik Deutschland ist im Rahmen der Durchführung forstwirtschaftlicher Arbeiten zum Zwecke der Bergung des auf Grund der örtlichen Bedingungen beim Einschlag über die Grenze gefallenen Baumbestandes bzw. zum Zwecke der Holzabfuhr die Benutzung eines grenzanliegenden Streifens gestattet, soweit dafür die Inanspruchnahme notwendig ist und keine besonderen Rechts- oder Sachgründe entgegenstehen.

2. Die Bergung von Bäumen, die infolge von Sturmschäden, Erdrutsch oder Schneebruch auf das Hoheitsgebiet des anderen Staates (im folgenden Gebiet genannt) gefallen sind, wird entsprechend der Vereinbarung über Grundsätze zur Schadensbekämpfung an der Grenze zwischen der Deutschen Demokratischen Republik und der Bundesrepublik Deutschland vom 20. September 1973 vereinbart.

3. (1) Die Durchführung der in den vorstehenden Ziffern 1 und 2 bezeichneten Arbeiten ist (bei Ziffer 1 mindestens einen Monat im voraus) unter Angabe
   - der genauen Bezeichnung des Abschnittes
   - der Länge und Breite des grenzanliegenden Streifens
   - der Zeitdauer der Arbeiten
   - der tageszeitlichen Begrenzung der Arbeiten
   - der Anzahl der mit der Durchführung der Arbeiten beauftragten Arbeitskräfte
   - der Art und Anzahl der zum Einsatz gelangenden Transport- und Bergungsmittel

   zu beantragen.

   (2) Weitere Einzelheiten zur Durchführung dieser Arbeiten, die sich aus den örtlichen Bedingungen ergeben, werden im Rahmen der Beantragung abgestimmt und vereinbart.

4. Erste Hilfe und Unfallhilfe erfolgen durch den Staat, durch den die Arbeiten durchgeführt werden. Hilfsmaßnahmen des anderen Staates werden dadurch nicht ausgeschlossen.

5. Die Grenzsicherungsorgane der Deutschen Demokratischen Republik und die Grenzsicherungsorgane der Bundesrepublik Deutschland behalten sich vor, auf ihrem Gebiet die Vorlage eines amtlichen Identitätspapiers zu verlangen.

6. Dieser Protokollvermerk tritt zusammen mit den die Arbeit der Grenzkommission abschließenden Dokumenten in Kraft. Beide Seiten stimmen darin überein, diesen Protokollvermerk, beginnend mit dem Tage der Unterzeichnung, vorab anzuwenden.

Bonn, den 3. Februar 1976

Für die Delegation der Deutschen Demokratischen Republik	Für die Delegation der Bundesrepublik Deutschland
Kormes	Dr. Pagel

Protokollvermerk über Grenzwege und Wege im Grenzbereich

Die Delegation der Deutschen Demokratischen Republik und die Delegation der Bundesrepublik Deutschland in der Grenzkommission, die hierzu von ihren Regierungen bevollmächtigt sind, kommen überein:

1. Durch die Regierung der Deutschen Demokratischen Republik und die Regierung der Bundesrepublik Deutschland ist die Benutzung der in dem Verzeichnis der Grenzwege und der Wege im Grenzbereich (im folgenden Verzeichnis genannt) dargestellten und beschriebenen Grenzwege (Wege, in denen die Grenze verläuft) in voller Breite und im Rahmen des Gemeingebrauchs gestattet. Der Grenzverlauf in diesen Wegen ergibt sich aus der Dokumentation.

2. Durch die Regierung der Deutschen Demokratischen Republik ist die Benutzung der im Verzeichnis unter Nr. 1

bis 4 dargestellten und beschriebenen Wege im Grenzbereich, soweit sie auf dem Hoheitsgebiet (im folgenden Gebiet genannt) der Deutschen Demokratischen Republik verlaufen, im Rahmen des Gemeingebrauchs gestattet.

Durch die Regierung der Bundesrepublik Deutschland ist die Benutzung des in dem Verzeichnis unter Nr. 2 dargestellten und beschriebenen Weges im Grenzbereich, soweit er auf dem Gebiet der Bundesrepublik Deutschland verläuft, im Rahmen des Gemeingebrauchs gestattet.

3. Die Grenzsicherungsorgane der Deutschen Demokratischen Republik und die Grenzsicherungsorgane der Bundesrepublik Deutschland behalten sich vor, jeweils auf ihrem Gebiet die Vorlage eines amtlichen Identitätspapieres zu verlangen.

4. Die Benutzung der Wege und Wegeteile, die auf dem Gebiet des anderen Staates liegen, ist den Grenzsicherungsorganen und den bewaffneten Organen der Deutschen Demokratischen Republik bzw. den Grenzsicherungs-, anderen Polizei- sowie militärischen Kräften der Bundesrepublik Deutschland nicht gestattet.

Die Ausübung von Hoheitsrechten auf dem Gebiet des anderen Staates ist ausgeschlossen.

5. Ausbau- und Unterhaltungsmaßnahmen an den in den Ziffern 1 und 2 genannten Wegen dürfen von jeder Seite grundsätzlich nur bis zur Grenze durchgeführt werden.

Über die Grenze hinaus können Ausbau- und Unterhaltungsmaßnahmen vorgenommen werden, wenn der Staat zustimmt, auf dessen Gebiet diese Wege oder Wegeteile liegen. Die Durchführung dieser Maßnahmen wird mit der anderen Seite vereinbart.

6. Die Benutzung der Wege nach Ziffer 2 wird für die Dauer von 20 Jahren vereinbart.

Sie verlängert sich jeweils um 10 Jahre, sofern nicht eine Seite 1 Jahr vor Fristablauf eine Kündigung ausspricht.

7. Dieser Protokollvermerk tritt zusammen mit den die Arbeit der Grenzkommission abschließenden Dokumenten in Kraft. Beide Seiten stimmen darin überein, diesen Protokollvermerk vom 1. April 1976 an vorab anzuwenden.

Bonn, den 3. Februar 1976

Für die Delegation der Deutschen Demokratischen Republik
Kormes

Für die Delegation der Bundesrepublik Deutschland
Dr. Pagel

Anlage

Verzeichnis der Grenzwege

Lfd. Nr.	Grenz-abschnitt	Grenz-zug	Grenzweg zwischen den Grenzpunkten Nr.	Nr.	Länge (m)	Durch-schnittl. Breite (m)	Besondere Festlegungen	Nr. der Anlagen-blätter
1	31	c	113/30	113/1	1 400	7		1; 1.1
2	34	c/d	22	182	4 555	5	Beginn des Grenzweges ca. 2 m westlich des Grenzpunktes Nr. 22	2; 2.1–2.4
3	34	e	163/1	139/1	3 420	4	Beginn des Grenzweges ca. 25 m südlich des Grenzpunktes Nr. 163/1	3; 3.1–3.2
4	35	d	16	8	900	4	Beginn des Grenzweges ca. 5 m nordwestlich des Grenzpunktes Nr. 16	4; 4.1
5	50	d	149/1	149/18	755	5		5; 5.1
6	50	e	214	214/7	310	4	Beginn des Grenzweges ca. 2 m nordwestlich des Grenzpunktes Nr. 214	6; 6.1
7	51	a	295	299	240	4	Beginn des Grenzweges ca. 55 m südwestlich des Grenzpunktes Nr. 295. Ende des Grenzweges ca. 5 m nördlich des Grenzpunktes Nr. 299	7; 7.1
8	52	c	226/3	226	95	3	Beginn des Grenzweges ca. 26 m nordöstlich des Grenzpunktes Nr. 226/3. Ende des Grenzweges ca. 23 m südwestlich des Grenzpunktes Nr. 226	8; 8.1
9	53	a	22	2	1 070	3		9; 9.1
10	58	c	160	159	95	3		10; 10.1

Für die Delegation der Deutschen Demokratischen Republik
Rausch

Für die Delegation der Bundesrepublik Deutschland
Dr. Füßlein

Verzeichnis der Wege im Grenzbereich

Lfd. Nr.	Grenzabschnitt	Grenzzug	Weg von Grenzpunkt Nr.	Weg bis Grenzpunkt Nr.	Länge des Weges auf dem Gebiet der Deutschen Demokratischen Republik (m)	Länge des Weges auf dem Gebiet der Bundesrepublik Deutschland (m)	Durchschnittl. Breite (m)	Art der Benutzung und besondere Festlegungen	Nr. der Anlagenblätter
1	33	a	423	425/1	75		5	Benutzung für landwirtschaftliche Zwecke durch die Bundesrepublik Deutschland als Zufahrt zu den nördlich des Weges gelegenen Grundstücken	1; 1.1
2	33	b	284	257	1 560 Weg schneidet die Grenze mehrfach		3	Benutzung für forstwirtschaftliche Zwecke durch die Deutsche Demokratische Republik und die Bundesrepublik Deutschland	2; 2.1
3	33	e	30 m nördl. 76	10 m südl. 75	120		5	Benutzung für landwirtschaftliche Zwecke durch die Bundesrepublik Deutschland als Zufahrt zu den zwischen den Grenzpunkten Nr. 75 bis Nr. 77 auf die Grenze aufstoßenden Grundstücken	3; 3.1
4	36	b	8 m nordöstl. 159	6 m nordöstl. 157	170		4	Benutzung für landwirtschaftliche Zwecke durch die Bundesrepublik Deutschland als Zufahrt zu den an den Weg angrenzenden Grundstücken	4; 4.1

Für die Delegation der Deutschen Demokratischen Republik
Rausch

Für die Delegation der Bundesrepublik Deutschland
Dr. Füßlein

Protokollvermerk über Wasserentnahme aus Grenzgewässern der Deutschen Demokratischen Republik

Die Delegation der Deutschen Demokratischen Republik und die Delegation der Bundesrepublik Deutschland in der Grenzkommission, die hierzu von ihren Regierungen bevollmächtigt sind, kommen überein:

1. Die Regierung der Deutschen Demokratischen Republik gestattet die Wasserentnahme aus den Grenzgewässern Mechower See, Lankower See, Goldensee und Dutzower See im nachstehenden Umfang:
   a) zum Tränken von Vieh und zur Bewässerung anliegender landwirtschaftlicher Flächen an den in den Anlagen 1 und 2* bezeichneten Stellen,
   b) zur Bekämpfung von Bränden an Stellen, an denen dies zu Löschzwecken zwingend erforderlich ist.
2. Die in den Anlagen bezeichneten Viehtränken sind in geeigneter Weise zu kennzeichnen und abzugrenzen.
3. Das Hoheitsgebiet der Deutschen Demokratischen Republik darf insoweit betreten werden, als es zur Durchführung der unter Ziffer 1 beschriebenen Nutzung erforderlich ist.
4. Die Wasserentnahme darf keine Auswirkungen auf die Markierung der Grenze haben.
5. Beim Auftreten seuchenhafter Erkrankungen bei Tieren ist die Wasserentnahme zum Zwecke des Viehtränkens unter Anwendung der hierfür geltenden allgemeinen Bestimmungen der Deutschen Demokratischen Republik zeitweilig untersagt.
   Die Informationen über das Auftreten seuchenhafter Erkrankungen werden gemäß der Schadensvereinbarung übermittelt.
6. Die Deutsche Demokratische Republik behält sich gegenüber der Bundesrepublik Deutschland das Recht vor, ein Entgelt nach den in der Deutschen Demokratischen Republik für die Wasserentnahme zu landwirtschaftlichen Zwecken geltenden Bestimmungen zu beanspruchen.
7. Die Anlagen 1 und 2 können im gegenseitigen Einvernehmen geändert werden.
8. Dieser Protokollvermerk wird für die Dauer von 20 Jahren vereinbart. Seine Gültigkeit verlängert sich jeweils um 10 Jahre, sofern nicht ein Jahr vor Fristablauf eine Seite kündigt oder Verhandlungen mit dem Ziel einer Neuregelung beantragt.
9. Dieser Protokollvermerk tritt zusammen mit den die Arbeit der Grenzkommission abschließenden Dokumenten in Kraft. Beide Seiten stimmen darin überein, diesen Protokollvermerk, beginnend mit dem Tage der Unterzeichnung, vorab anzuwenden.

Celle, den 27. Oktober 1977

Für die Delegation der Deutschen Demokratischen Republik
Kormes

Für die Delegation der Bundesrepublik Deutschland
Dr. Pagel

Anlage 1

Nutzung von Grenzgewässern der Deutschen Demokratischen Republik durch die Bundesrepublik Deutschland zum Tränken von Vieh und zur Bewässerung der landwirtschaftlichen Flächen

Lfd. Nr.	GA Nr.	GZ	Lage der Viehtränke (Mitte)	Breite der Viehtränke m	Tiefe der Viehtränke von der Grenzlinie auf dem Gebiet der Deutschen Demokratischen Republik m
1	3	d	ca. 135 m südwestl. vom Grenzpunkt Nr. 28	15	5
2	3	d	ca. 20 m südl. vom Grenzpunkt Nr. 2	20	5
3	3	d	ca. 285 m südl. vom Grenzpunkt Nr. 2	20	5
4	3	d	ca. 385 m nordwestl. vom Grenzpunkt Nr. 3	20	5
5	3	d	ca. 45 m nordwestl. vom Grenzpunkt Nr. 3	15	5
6	3	d	ca. 140 m südöstl. vom Grenzpunkt Nr. 5	20	5
7	3	d	am Auslauf ca. 335 m nordwestl. vom Grenzpunkt Nr. 1	20	5
8	3	d	ca. 170 m nordwestl. vom Grenzpunkt Nr. 1	10	5
9	3	e	ca. 300 m nordwestl. vom Grenzpunkt Nr. 5	15	5
10	3	e	ca. 125 m nordwestl. vom Grenzpunkt Nr. 5	12	5
11	4	a	ca. 30 m östl. vom Grenzpunkt Nr. 15	25	5
12	4	a	ca. 25 m südl. vom Grenzpunkt Nr. 17	20	5
13	4	a	ca. 20 m südwestl. vom Grenzpunkt Nr. 25	20	5
14	4	a	ca. 15 m westl. vom Grenzpunkt Nr. 30	15	5
15	4	a	ca. 20 m östl. vom Grenzpunkt Nr. 30	15	5
16	4	b	ca. 10 m westl. vom Grenzpunkt Nr. 22	10	5
17	4	c	ca. 15 m südöstl. vom Grenzpunkt Nr. 3	15	5
18	4	c	ca. 15 m südwestl. vom Grenzpunkt Nr. 18	15	5
19	4	c	ca. 20 m südl. vom Grenzpunkt Nr. 25	15	5
20	4	c	ca. 15 m nordwestl. vom Grenzpunkt Nr. 27	15	5
21	4	c	ca. 20 m südöstl. vom Grenzpunkt Nr. 29	15	5

Lfd. Nr.	GA Nr.	GZ	Lage der Viehtränke (Mitte)	Breite der Viehtränke m	Tiefe der Viehtränke von der Grenzlinie auf dem Gebiet der Deutschen Demokratischen Republik m
22	4	c	ca. 25 m nordwestl. vom Grenzpunkt Nr. 30	15	5
23	4	c	ca. 15 m westl. vom Grenzpunkt Nr. 33	10	5
24	4	c	ca. 15 m nordwestl. vom Grenzpunkt Nr. 36	10	5
25	4	c	ca. 15 m nördl. vom Grenzpunkt Nr. 39	10	5

GA Nr.	GZ	Lage der Wasserentnahmestelle	Breite der Wasserentnahmestelle m	Tiefe der Wasserentnahmestelle von der Grenzlinie auf dem Gebiet der Deutschen Demokratischen Republik m
4	a	4 m westlich vom Grenzpunkt Nr. 21	5	5

Erklärung zum Protokollvermerk über die Wasserentnahme

Die Delegation der Deutschen Demokratischen Republik erklärt, daß eine Verletzung der Informationspflicht bei seuchenhaften Erkrankungen gemäß Punkt 5 des Protokollvermerks über die Wasserentnahme aus Grenzgewässern den Bestand großer Viehbestände auf dem Territorium der Deutschen Demokratischen Republik gefährden würde.

Angesichts dessen erwartet die Deutsche Demokratische Republik, daß die Bundesrepublik Deutschland alle erforderlichen Maßnahmen einleiten wird, um die unverzügliche und vollständige Information beim Auftreten seuchenhafter Erkrankungen mit der Folge der zeitweiligen Einstellung der Wasserentnahme zum Zwecke des Viehtränkens zu gewährleisten.

Protokollvermerk über den Abbau grenzüberquerender Energiefreileitungen

Die Delegation der Deutschen Demokratischen Republik und die Delegation der Bundesrepublik Deutschland kommen in Anwendung der Vereinbarung über die Grundsätze zur Schadensbekämpfung vom 20. September 1973 im Auftrag ihrer Regierungen überein, zur Vermeidung von Schäden im Grenzbereich grenzüberquerende, bereits stillgelegte Energiefreileitungen nach den folgenden Grundsätzen abzubauen:

1. Der Abbau wird durch die von der jeweiligen Seite beauftragte Firma / den von der jeweiligen Seite beauftragten Betrieb ohne Benutzung des Hoheitsgebietes des anderen Staates durchgeführt.
2. Jede Seite verpflichtet sich, die betreffenden Leitungen ab dem Tage des Abbaus spannungsfrei zu halten.
3. Jede Seite ist berechtigt, das auf ihrem Gebiet beim Abbau anfallende Material zu entfernen.
4. Jede Seite trägt die ihr durch den Abbau entstehenden Kosten.
5. Der Abbau der einzelnen Leitungen wird in der Grenzkommission in Form von Anlagen zu diesem Protokollvermerk gesondert vereinbart. Technische Einzelheiten, insbesondere Fragen des gefährdungslosen Abbaus, werden durch die technischen Kräfte an Ort und Stelle abgestimmt.

Magdeburg, den 9. März 1978

Für die Delegation der Deutschen Demokratischen Republik	**Für die Delegation der Bundesrepublik Deutschland**
Kormes	Dr. Pagel

Protokollvermerk über das Überfahren der Grenze durch Sportboote und andere Wasserfahrzeuge in Abschnitten der Grenzgewässer Werra und Saale

Die Delegation der Deutschen Demokratischen Republik und die Delegation der Bundesrepublik Deutschland, die hierzu von ihren Regierungen bevollmächtigt sind, kommen überein:

1. Durch die Regierung der Deutschen Demokratischen Republik und durch die Regierung der Bundesrepublik Deutschland ist Sportbooten das Überfahren der Grenze auf den in der Anlage 1 und in der Anlage 2* dargestellten Grenzstreckenabschnitten der Werra und der Saale in dem Umfang gestattet, wie dies auf Grund der Gewässerverhältnisse erforderlich ist.

2. Sportboote nach Ziffer 1 sind Wasserfahrzeuge, die ausschließlich für sportliche Zwecke genutzt werden.

3. In dem in der Anlage 1 dargestellten Abschnitt der Werra ist Fahrzeugen der zuständigen Wasserwirtschaftsbetriebe der Deutschen Demokratischen Republik und der Wasser- und Schiffahrtsverwaltung der Bundesrepublik Deutschland (Streckenaufsichtsboote, Schleppboote, Prahme, Schuten und schwimmende Geräte) das Überfahren der Grenze in dem Umfang gestattet, wie dies auf Grund der Gewässerverhältnisse erforderlich ist.

4. Ein Verlassen der Wasserfahrzeuge im Gewässerabschnitt des anderen Staates, das Anlegen am Ufer des anderen Staates oder das Betreten dieses Ufers ist bei oder zur Abwendung von Unfällen gestattet.

5. Erste Hilfe und Unfallhilfe erfolgen durch die Seite, auf deren Gebiet sich der Unfall ereignet. Rettungsmaßnahmen der anderen Seite zur Abwendung unmittelbar drohender Gefahr werden dadurch nicht ausgeschlossen.

   Personen an Bord der in Ziffer 1 und in Ziffer 3 genannten Fahrzeuge, die infolge eines Unfalls das Ufer des anderen Staates betreten oder von Fahrzeugen der anderen Seite aufgenommen werden, wird unverzüglich die Rückkehr auf das Gebiet ihres Staates ermöglicht.

6. Die Grenzsicherungsorgane der Deutschen Demokratischen Republik und die Grenzsicherungsorgane der Bundesrepublik Deutschland behalten sich vor, jeweils auf ihrem Gebiet die Vorlage eines amtlichen Identitätspapieres zu verlangen.

7. Dieser Protokollvermerk wird für die Dauer von 20 Jahren vereinbart. Seine Gültigkeit verlängert sich jeweils um 10 Jahre, sofern nicht eine Seite ein Jahr vor Fristablauf eine Kündigung ausspricht.

8. Dieser Protokollvermerk tritt zusammen mit den die Arbeit der Grenzkommission abschließenden Dokumenten in Kraft. Beide Seiten stimmen darin überein, diesen Protokollvermerk, beginnend mit dem Tage der Unterzeichnung, vorab anzuwenden.

Für die Delegation der Deutschen Demokratischen Republik	**Für die Delegation der Bundesrepublik Deutschland**
Kormes	Dr. Pagel

Protokollvermerk über den Betrieb von wasserwirtschaftlichen Anlagen

Die Delegation der Deutschen Demokratischen Republik und die Delegation der Bundesrepublik Deutschland in der Grenzkommission, die hierzu von ihren Regierungen bevollmächtigt sind, kommen überein:

1. Durch die Regierung der Deutschen Demokratischen Republik und durch die Regierung der Bundesrepublik Deutschland wird in Anwendung der „Vereinbarung zwischen der Regierung der Deutschen Demokratischen Republik und der Regierung der Bundesrepublik Deutschland über die Grundsätze zur Instandhaltung und zum Ausbau der Grenzgewässer sowie der dazugehörigen wasserwirtschaftlichen Anlagen" vom 20. 9. 1973 (Grenzgewässervereinbarung) der Betrieb wasserwirtschaftlicher Anlagen und das Betreten des Hoheitsgebietes des anderen Staates in dem für die Gewährleistung des Betriebes erforderlichen Umfang gestattet.

   Die erforderlichen Einzelheiten sind im Anhang, Anlage 1 bis 15 festgelegt.*

2. Der Betrieb umfaßt die Bedienung, die Kontrolle und die Wartung der wasserwirtschaftlichen Anlagen einschließlich kleinerer Reparaturen sowie das Entfernen von Treib- und Schwemmgut.

   Darüber hinausgehende Instandhaltungsarbeiten werden gesondert vereinbart.

3. Abweichend von den Festlegungen in den Anlagen gemäß Ziffer 1 können betriebliche Maßnahmen ausgeführt werden, wenn dies zur Verhinderung oder Behebung von Schäden unumgänglich und hierzu die Zustimmung der anderen Seite erteilt ist.

4. Die Kosten des Betriebes werden von der betreibenden Seite getragen.

5. Bei der Ausführung der betrieblichen Maßnahmen auf dem Gebiet des anderen Staates gelten, soweit nichts anderes vereinbart ist, folgende Bedingungen:

   a) Das Räumgut ist auf das Gebiet der ausführenden Seite zu verbringen.

   b) Die Grenze wird im Arbeitsbereich überschritten. Kleingeräte und benötigtes Material können in dem für den Betrieb erforderlichen Umfang mitgeführt werden.

      Die auf dem Gebiet der anderen Seite eingesetzten Geräte werden täglich mit Arbeitsschluß zurückgeführt.

6. Falls bei Verstößen gegen die vereinbarten Bedingungen den Aufforderungen zur Einhaltung nicht nachgekommen wird, sind auf Verlangen der zuständigen Organe/Behörden die Arbeiten einzustellen.

7. Der in Ziffer 1 genannte Anhang kann im gegenseitigen Einvernehmen geändert oder ergänzt werden.

Dresden, den 14. September 1978

Für die Delegation der Deutschen Demokratischen Republik	**Für die Delegation der Bundesrepublik Deutschland**
Kormes	Dr. Pagel

Anhang IV zum Protokoll zwischen der Regierung der Deutschen Demokratischen Republik und der Regierung der Bundesrepublik Deutschland über die Überprüfung, Erneuerung und Ergänzung der Markierung der zwischen der Deutschen Demokratischen Republik und der Bundesrepublik Deutschland bestehenden Grenze, die Grenzdokumentation und die Regelung sonstiger mit dem Grenzverlauf im Zusammenhang stehender Probleme

Grundsätze gemäß Artikel 4

I.

Zusammensetzung und Arbeitsweise der Grenzkommission

1. (1) Die Grenzkommission besteht aus Beauftragten der Regierungen beider Staaten.

(2) Beide Seiten teilen sich einen Wechsel in der Person des Leiters und der Mitglieder der Delegation mit.

2. Die Grenzkommission tritt in der Regel viermal jährlich zusammen. Erforderlichenfalls können auf Beschluß der Grenzkommission oder auf Ersuchen einer Seite weitere Sitzungen durchgeführt werden.

3. (1) Jede Delegation in der Grenzkommission kann Experten hinzuziehen. Die Delegationsleiter unterrichten sich hierüber rechtzeitig.

(2) Die Grenzkommission setzt zur Wahrnehmung zeitlich oder örtlich bedingter Aufgaben in geeigneten Fällen Arbeitsgruppen ein, wie zum Beispiel für die Instandhaltung der Grenzmarkierung nach Ziffer 7 und für die nach den Ziffern 17 und 18 durchzuführenden wasserwirtschaftlichen Maßnahmen.

(3) Die Grenzkommission kann einzelne Mitglieder und Experten mit der Wahrnehmung von Aufgaben betrauen.

(4) Die Arbeitsgruppen oder die von der Grenzkommission betrauten Mitglieder oder Experten nehmen ihre Aufgaben nach Maßgabe der von der Grenzkommission erteilten Aufträge wahr.

(5) Wenn für die Durchführung in der Grenzkommission vereinbarter Maßnahmen das Hoheitsgebiet des anderen Staates betreten werden muß, werden die Einzelheiten für das Betreten durch Mitglieder der Grenzkommission, Experten und eingesetzte Arbeitskräfte sowie für das Mitführen von Arbeitsgeräten und Arbeitsmaterial in der Grenzkommission vereinbart.

4. (1) In der Grenzkommission getroffene Regelungen treten, soweit nichts anderes vereinbart wird, mit der Unterzeichnung in Kraft.

(2) Kann die Grenzkommission in einer von ihr behandelten Frage eine Übereinstimmung nicht erzielen, so wird diese Frage von beiden Seiten ihren Regierungen unterbreitet.

II.

Markierung der Grenze

5. (1) Die Grenzkommission hat die Markierung der zwischen beiden Staaten bestehenden Grenze zu überprüfen, instand zu halten und erforderlichenfalls zu erneuern.

(2) Das Überprüfen, Instandhalten und Erneuern der Markierung umfaßt im wesentlichen:

- Erhaltung der Grenzzeichen und Hilfsgrenzzeichen,
- Vergleich der Markierung der Grenze sowie des Verlaufs der Grenze an und in Grenzgewässern mit der Grenzdokumentation und Feststellung des Standorts der Grenzzeichen und Hilfsgrenzzeichen nach der Grenzdokumentation,
- Beurteilung des Zustands der Grenzzeichen und Hilfsgrenzzeichen,
- Überprüfung der definierten Lage der Grenze an und in Grenzgewässern im Zusammenhang mit der Durchführung vereinbarter wasserwirtschaftlicher Maßnahmen,
- Behebung von Abmarkungsmängeln, wie das Ersetzen verlorengegangener Grenzzeichen, das Erneuern zerstörter und beschädigter Grenzzeichen, das Aufrichten schiefstehender und umgestürzter Grenzzeichen, das Höher- und Tiefersetzen von Grenzzeichen,
- Änderung der Art der Grenzzeichen sowie Ersetzen einer direkten Vermarkung durch eine indirekte und umgekehrt,
- Ergänzung der Vermarkung durch Einbringen weiterer Grenzzeichen in den Grenzverlauf,
- Unterhaltungs- und Wiederherstellungsarbeiten an den Hilfsgrenzzeichen.

(3) An und in Grenzgewässern ist die definierte Lage der Grenze grundsätzlich zu erhalten. Dabei sind der Protokollvermerk vom 13. September 1973 über Grundsätze zur Überprüfung und Markierung des Verlaufs der Grenze zwischen der Bundesrepublik Deutschland und der Deut

schen Demokratischen Republik an und in Grenzgewässern und der Protokollvermerk vom 25. September 1975 über die Definition der Uferlinie/Mitte bis zu einer Überarbeitung in der Grenzkommission zugrunde zu legen.

6. Beide Seiten werden durch geeignete mögliche Maßnahmen die Grenzzeichen und Hilfsgrenzzeichen gegen Beseitigung, Verlegung, Zerstörung, Beschädigung und zweckwidrige Benutzung schützen.

7. (1) Beide Seiten werden die Markierung der Grenze jeweils in Abständen von 15 Jahren durchgängig überprüfen und die Behebung von festgestellten Mängeln vereinbaren. Mit der ersten Überprüfung soll im Jahre 1985 begonnen werden.

(2) Bei der Überprüfung der Markierung und bei der Behebung der festgestellten Mängel wird gemäß Anlage 1 verfahren.

8. (1) Die zentrisch eingebrachten Grenzzeichen (direkte Vermarkung) sowie die Hilfsgrenzzeichen werden wie folgt instand gehalten:

durch die Deutsche Demokratische Republik

- die Grenzzeichen der Landgrenze,
- die Hilfsgrenzzeichen 10 bis 17 auf dem Dutzower See und dem Schaalsee,

durch die Bundesrepublik Deutschland

- die Hilfsgrenzzeichen der Grenze zwischen den Territorialgewässern/Küstenmeeren der Deutschen Demokratischen Republik und der Bundesrepublik Deutschland in der Lübecker Bucht,
- die Hilfsgrenzzeichen 1 bis 9 auf dem Dutzower See und dem Schaalsee,
- das Hilfsgrenzzeichen im Schwarzmühlenteich.

Die nicht zentrisch eingebrachten Grenzzeichen (indirekte Vermarkung) werden von der Seite instand gehalten, auf deren Hoheitsgebiet sie stehen. Die Beschaffung und Beförderung dieser Grenzzeichen wird von der Deutschen Demokratischen Republik vorgenommen.

(2) Die entstehenden Kosten trägt die Seite, die gemäß Absatz 1 verantwortlich ist, ausgenommen die Kosten für die an der Instandhaltung beteiligten Kräfte der anderen Seite. Für spezielle Fälle werden Regelungen in der Grenzkommission getroffen.

9. Regelungen und Definitionen, die die Grenzkommission für die Durchführung ihrer Arbeiten zur Feststellung, Markierung und Dokumentation der Grenze getroffen hat, werden für die Überprüfung, Instandhaltung und Erneuerung der Markierung bis zu einer Überarbeitung in der Grenzkommission weiter angewendet.

10. Wird bei der Überprüfung gemäß Ziffer 7 festgestellt, daß aufgrund veränderter örtlicher Verhältnisse bei grenzbildenden Gewässern der ursprüngliche Zustand wiederhergestellt oder eine Änderung zwischen festem (stabilem) und beweglichem (labilem) Grenzverlauf vorgenommen werden müßte, werden beide Seiten in der Grenzkommission Regelungen vereinbaren, die die Übereinstimmung der örtlichen Verhältnisse mit der Grenzdokumentation sichern.

11. (1) Einzubringende Grenzzeichen und Hilfsgrenzzeichen müssen vereinbarten Mustern entsprechen. Form und Abmessungen der bisher vereinbarten Grenzzeichen und Hilfsgrenzzeichen sind in Anlage 2 wiedergegeben.

(2) Die Vermarkung der grenzbegleitenden Polygonzüge ist von der Seite instand zu halten, auf deren Hoheitsgebiet die Polygonpunkte liegen. Änderungen der Lage von Polygonpunkten werden abgestimmt.

(3) Neue Eigentumsgrenzzeichen werden nicht direkt in den Grenzverlauf eingebracht, sondern soweit abgesetzt, daß grundsätzlich ihre äußere Kante die Grenzlinie berührt.

12. Werden durch die Behebung von Abmarkungsmängeln, infolge von Änderungen und Ergänzungen der Vermarkung oder im Ergebnis einer Regelung zwischen beiden Seiten nach Ziffer 10 Änderungen in der Grenzbeschreibung, den Grenzkarten und den Katalogen der grenzbildenden Gewässer erforderlich, so wird

- zu der Grenzbeschreibung und den Katalogen der grenzbildenden Gewässer ein die Änderung beinhaltender Nachtrag von der durchführenden Seite in zwei Ausfertigungen angefertigt und von beiden Seiten unterzeichnet,
- in den Grenzkarten 1 : 5 000 und erforderlichenfalls in der Grenzkarte 1 : 25 000 die eingetretene Änderung in je einer Ausfertigung jeder Seite in roter Farbe eingetragen und von beiden Seiten unterzeichnet.

Die Eintragung von Änderungen erfolgt mit vereinbarten Signaturen. Die bisher vereinbarten Signaturen sind in den Anlagen 2 und 6 des Protokollvermerks vom 7. März 1974 über Bestandteile, Inhalt und Form der Dokumentation über den Verlauf der Grenze zwischen der Bundesrepublik Deutschland und der Deutschen Demokratischen Republik enthalten.

13. (1) Die örtlichen Arbeiten sind in Anwesenheit der jeweils anderen Seite auszuführen, wenn nichts anderes vereinbart ist.

(2) Über die Durchführung von Freihaltungsmaßnahmen unterrichten sich beide Seiten in der Grenzkommission rechtzeitig – unter Bezeichnung des Ortes und der Zeit der Arbeiten –, wenn nicht völlig auszuschließen ist, daß solche Maßnahmen das Hoheitsgebiet der anderen Seite berühren. Die Durchführung von Maßnahmen auf dem Hoheitsgebiet des anderen Staates setzt dessen Zustimmung voraus.

14. Ergeben sich aufgrund von zwischen der Deutschen Demokratischen Republik und der Bundesrepublik Deutschland vereinbarten Maßnahmen Markierungsaufgaben, werden diese in der Grenzkommission vereinbart.

III.

Sonstige Probleme

15. Die Grenzkommission trägt zur Erfüllung der Aufgaben bei, die sich aus den Vereinbarungen ergeben, die zu sonstigen mit dem Grenzverlauf im Zusammenhang stehenden Problemen abgeschlossen sind oder werden, soweit in diesen nichts anderes bestimmt ist. Die Grenzkommission behandelt Fragen, die sich aus der Durchführung dieser Vereinbarungen ergeben.

16. Die Grenzkommission trägt zur Erfüllung der Aufgaben bei, die sich aus der Vereinbarung vom 20. September 1973 zwischen der Regierung der Deutschen Demokratischen Republik und der Regierung der Bundesrepublik Deutschland über Grundsätze zur Schadensbekämpfung an der Grenze zwischen der Deutschen Demokratischen Republik und der Bundesrepublik Deutschland ergeben.

17. (1) In Durchführung der Vereinbarung vom 20. September 1973 zwischen der Regierung der Deutschen Demokratischen Republik und der Regierung der Bundesrepublik Deutschland über Grundsätze zur Instandhaltung und zum Ausbau der Grenzgewässer sowie der dazugehörigen wasserwirtschaftlichen Anlagen hat die Grenzkommission die wasserwirtschaftlichen Maßnahmen zu planen, abzustimmen und zu vereinbaren.

(2) Der Vorbereitung und Durchführung wasserwirtschaftlicher Maßnahmen sind, soweit nichts anderes vereinbart wird, die im Protokollvermerk vom 18. März 1976 vereinbarten Verfahrensregeln bei wasserwirtschaftlichen Maßnahmen zugrunde zu legen.

(3) Die Grenzkommission nimmt die Aufgaben aus dem Protokollvermerk vom 14. September 1978 über den Betrieb von wasserwirtschaftlichen Anlagen wahr.

18. Die Grenzkommission trägt zur Erfüllung der Aufgaben bei, die sich aus den Protokollvermerken zur Vereinbarung vom 29. Juni 1974 zwischen der Regierung der Deutschen Demokratischen Republik und der Regierung der Bundesrepublik Deutschland über den Fischfang in einem Teil der Territorialgewässer der Deutschen Demokratischen Republik in der Lübecker Bucht ergeben.

19. (1) Die Grenzkommission trägt zur Erfüllung der Aufgaben bei, die sich aus der Vereinbarung vom 3. Mai 1978 zwischen der Regierung der Deutschen Demokratischen Republik und der Regierung der Bundesrepublik Deutschland über die Regelung von Fragen betreffend die Eckertalsperre und die Eckerfernwasserleitung ergeben.

(2) Die Grenzkommission trägt zur Erfüllung der Aufgaben bei, die sich aus der Vereinbarung vom 29. November 1978 zwischen der Regierung der Deutschen Demokratischen Republik und der Regierung der Bundesrepublik Deutschland über die Regelung von Fragen, die mit der Errichtung und dem Betrieb eines Hochwasserrückhaltebeckens an der Itz zusammenhängen, ergeben.

20. (1) Die Grenzkommission trägt zur Erfüllung der Aufgaben bei, die sich aus der Vereinbarung vom 3. Februar 1976 zwischen der Regierung der Deutschen Demokratischen Republik und der Regierung der Bundesrepublik Deutschland über den Betrieb, die Kontrolle und die Instandhaltung der auf dem Territorium der Deutschen Demokratischen Republik gelegenen Teile der Trinkwasserversorgungsanlagen der Stadt Duderstadt (Bundesrepublik Deutschland) ergeben.

(2) Die Grenzkommission trägt zur Erfüllung der Aufgaben bei, die sich aus dem Protokollvermerk vom 3. Februar 1976 über den Betrieb, die Kontrolle und die Instandhaltung der auf dem Territorium der Deutschen Demokratischen Republik gelegenen Teile der Trinkwasserversorgungsanlage der Gemeinde Heringen, Ortsteil Kleinensee (Bundesrepublik Deutschland) ergeben.

(3) Die Grenzkommission nimmt Aufgaben aus dem Protokollvermerk vom 15. September 1977 über die Beseitigung des im Bereich des Grundstückes „Zur Bergmühle" (Bundesrepublik Deutschland) anfallenden Oberflächenwassers und gereinigten Abwassers wahr.

21. (1) Die Grenzkommission erörtert im Rahmen ihrer Zuständigkeit Fragen

- aus dem Protokollvermerk vom 29. Juni 1974 über die Behandlung von Personen, die mit Sportbooten aus navigatorischen oder seemännischen Schwierigkeiten in die Territorialgewässer/das Küstenmeer des anderen Staates geraten,
- aus dem Protokollvermerk vom 18. Mai 1978 über das Überfahren der Grenze durch Sportboote und andere Wasserfahrzeuge in Abschnitten der Grenzgewässer Werra und Saale.

(2) Die Grenzkommission nimmt im Rahmen ihrer Zuständigkeit die Aufgaben aus folgenden Vereinbarungen wahr:

- Protokollvermerk vom 3. Juli 1974 über das Umfahren der Hakendorfer Halbinsel im Niendorfer Binnensee durch Fischer aus der Deutschen Demokratischen Republik und der Rethwiese im Schaalsee durch Fischer aus der Bundesrepublik Deutschland,
- Protokollvermerk vom 3. Februar 1976 über forstwirtschaftliche Arbeiten in unmittelbarer Grenznähe,
- Protokollvermerk vom 3. Februar 1976 über Grenzwege und Wege im Grenzbereich,
- Protokollvermerk vom 27. Oktober 1977 über Wasserentnahme aus Grenzgewässern der Deutschen Demokratischen Republik.

(3) Die Grenzkommission erörtert im Rahmen ihrer Zuständigkeit weitere Probleme, die im Zusammenhang mit dem Grenzverlauf stehen.

22. (1) Die Grenzinformationswege gemäß Artikel 3 Absatz 2 der Vereinbarung vom 20. September 1973 zwischen der Regierung der Deutschen Demokratischen Republik und

der Regierung der Bundesrepublik Deutschland über Grundsätze zur Schadensbekämpfung an der Grenze zwischen der Deutschen Demokratischen Republik und der Bundesrepublik Deutschland werden – soweit nichts gesondertes festgelegt ist – für die Übermittlung von Informationen bei der Durchführung von Maßnahmen im Rahmen der Zuständigkeit der Grenzkommission genutzt.

(2) Die Grenzkommission wertet die übermittelten Informationen aus.

Anlage 1

Verfahrensweise bei der Überprüfung der Markierung und bei der Behebung festgestellter Mängel nach Ziffer 7 der Grundsätze gemäß Artikel 4

1. (1) Beauftragte der Delegationen in der Grenzkommission begehen unter Beteiligung von Vermessungskräften beider Staaten die Grenze zur Überprüfung der Markierung. Grundlage der Überprüfung sind die Grenzkarten 1 : 5 000 und die Grenzvermessungsunterlagen. Überprüft werden, im wesentlichen durch Augenschein, der Standort und der Zustand der Grenzzeichen, die Erhaltung der definierten Lage der Grenze an und in Grenzgewässern und die Eindeutigkeit des Grenzverlaufs. Die Überprüfung und Instandhaltung der Hilfsgrenzzeichen erfolgt gemäß den Grundsätzen, die in dem Protokollvermerk vom 25. Oktober 1973 über die Kennzeichnung der Grenze im Abschnitt Dutzower See – Schaalsee durch Bojen als Hilfsgrenzzeichen, dem Protokollvermerk vom 29. Juni 1974 über die Kennzeichnung der Grenze zwischen den Territorialgewässern/Küstenmeeren der Deutschen Demokratischen Republik und der Bundesrepublik Deutschland und dem Protokollvermerk vom 26. Oktober 1978 über die Kennzeichnung der Grenze zwischen den Territorialgewässern/Küstenmeeren der Deutschen Demokratischen Republik und der Bundesrepublik Deutschland festgelegt sind. Die erforderlichen Maßnahmen für die Instandhaltung und Erneuerung der Markierung, für die Wiederherstellung der definierten Lage der Grenze an und in Grenzgewässern und für die Erhaltung der Eindeutigkeit des Grenzverlaufs werden vereinbart.

   (2) Werden außerhalb der periodischen Überprüfung nach Ziffer 7 der Grundsätze gemäß Artikel 4 Mängel in der Markierung festgestellt, so unterrichten sich beide Seiten. Erforderlichenfalls führen sie Überprüfungen durch Begehung durch. Die notwendigen Maßnahmen werden vereinbart.

   (3) Das Ergebnis der Überprüfung und die vereinbarten Maßnahmen sind in einem Protokoll in zwei Ausfertigungen festzuhalten, das durch die Beauftragten beider Seiten unterzeichnet wird (Muster 1).* Die Protokolle werden nach Grenzabschnitten geführt. Sie können als Ergebnis eines Grenzbeganges oder einer Absprache beider Seiten gefertigt werden.

2. (1) Die nach Ziffer 1 vereinbarten Instandhaltungsmaßnahmen werden anhand der Grenzvermessungsunterlagen durchgeführt.

   (2) Die Genauigkeit der Messungen muß den Ziffern 2 und 3 der vereinbarten Fehlergrenzen vom 11. Januar 1974 entsprechen.

   (3) Die vermessungstechnischen Arbeiten werden in Grenzvermessungsrissen (Nachtragsrissen) in doppelter Ausfertigung dokumentiert. Die Nachtragsrisse werden durch den die vereinbarte Maßnahme durchführenden Meßtruppführer unterzeichnet und durch den Meßtruppführer der anderen Seite gegengezeichnet.

   (4) Die Nachtragsrisse erhalten die Nummer des betreffenden Grenzvermessungsrisses der bei der Überprüfung der Grenzmarkierung nach Artikel 1 und 2 durchgeführten Grenzaufmessung (Erstaufnahme). Diese Nummer wird nach einem Schrägstrich durch eine weitere laufende Nummer ergänzt. Auf dem Grenzvermessungsriß der Erstaufnahme bringt jede der beiden Seiten einen Vermerk über den Nachtragsriß an.

   (5) Beim Aufdecken einer verdeckten Vermarkung ist eine Rißführung nicht erforderlich.

3. Über die Behebung des Abmarkungsmangels sowie über die Änderung oder Ergänzung der Vermarkung wird ein Nachweis in zwei Ausfertigungen aufgestellt. Er wird durch die Beauftragten beider Seiten unterzeichnet (Muster 2).*

Anhang IV, Anlage 2

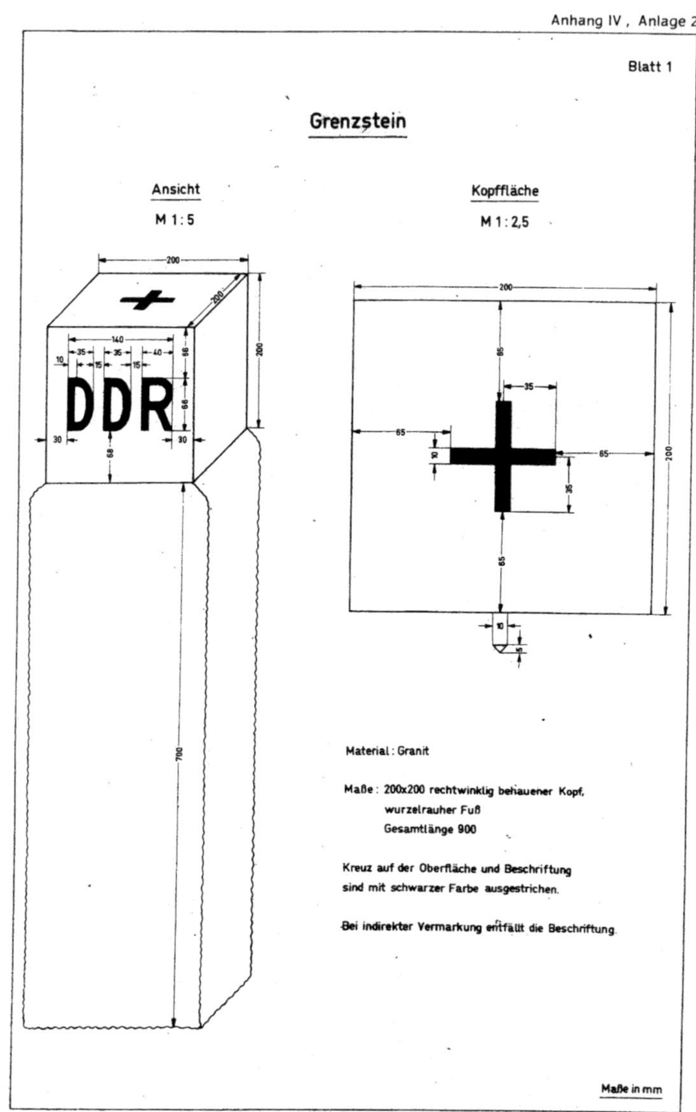

Anhang IV, Anlage 2

Blatt 2

Grenzpfahl

Ansicht

M 1:4

Kopffläche

M 1:2

Material: Eiche, imprägniert

Maße: Kantholz 130x130
Länge 1800-2500
Ende angespitzt

Kreuz und Beschriftung sind mit schwarzer Farbe ausgestrichen.

Bei indirekter Vermarkung entfällt die Beschriftung.

Maße in mm

Anhang IV, Anlage 2

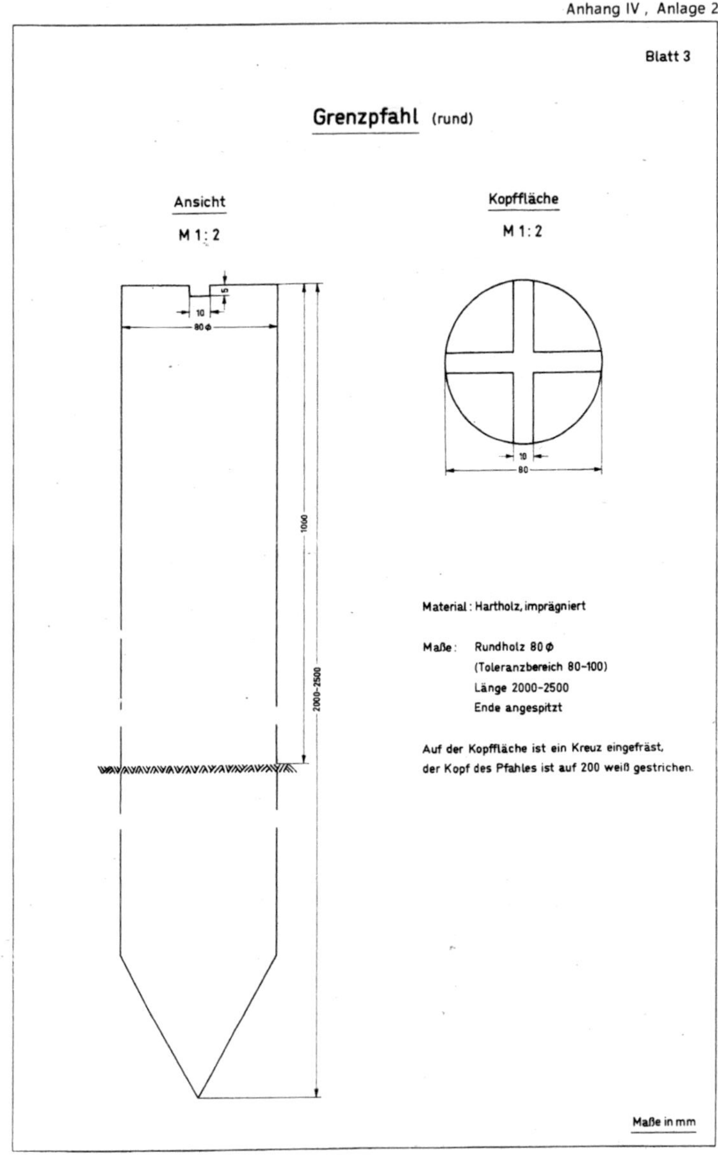

Anhang IV , Anlage 2

Blatt 4

Leuchttonne mit Flüssiggas-Druckfaß (300 kg)

M 1 : 50

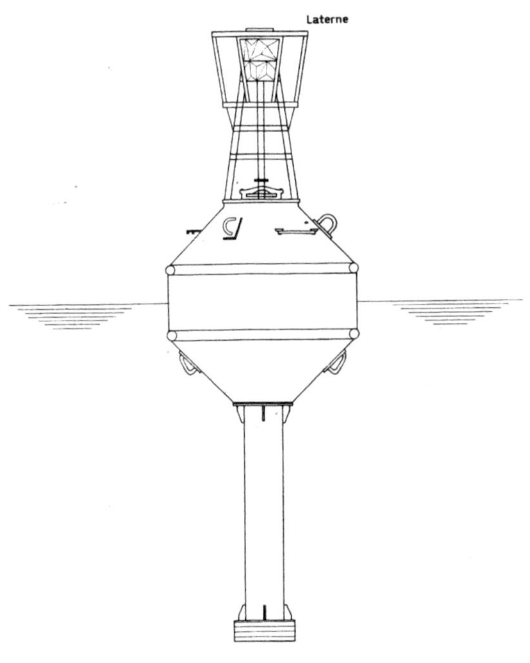

Anstrich: von oben gesehen je zwei über Kreuz liegende rote und gelbe Felder

Befeuerung: weiß, Kennung Funkel mit langer Unterbrechung [Fkl. unt. (lg.)], 2-5 sec. Funkel, 15-18 sec. Unterbrechung, Wiederkehr mindestens 20 sec.

Aufschrift: schwarz „ GRENZE "

Radar-Reflektor

Anhang IV , Anlage 2

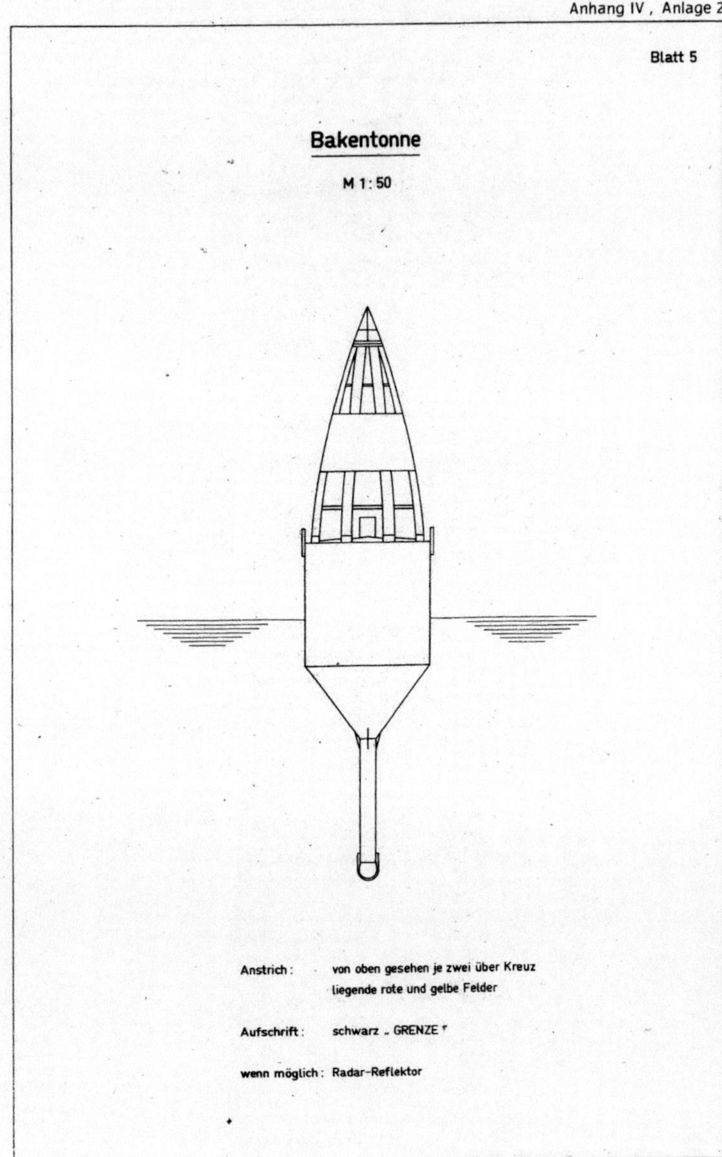

Anhang IV, Anlage 2

Blatt 6

Kleintonne

M 1 : 20

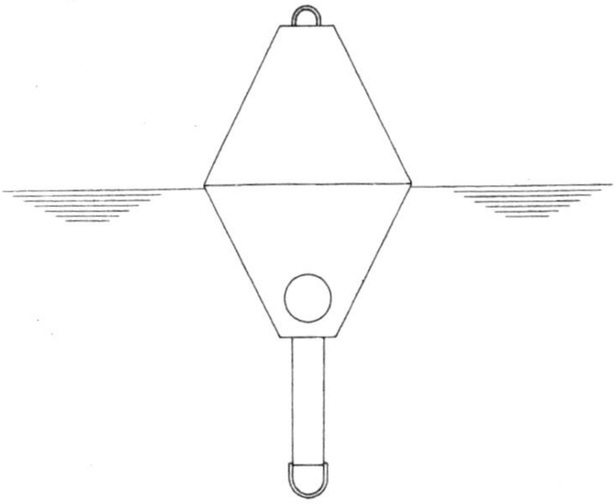

Anstrich: von oben gesehen je zwei über Kreuz liegende rote und gelbe Felder

Aufschrift: schwarz „GRENZE"

Anhang IV, Anlage 2

Blatt 7

Sichtzeichen (Richtbaken)

M 1:40

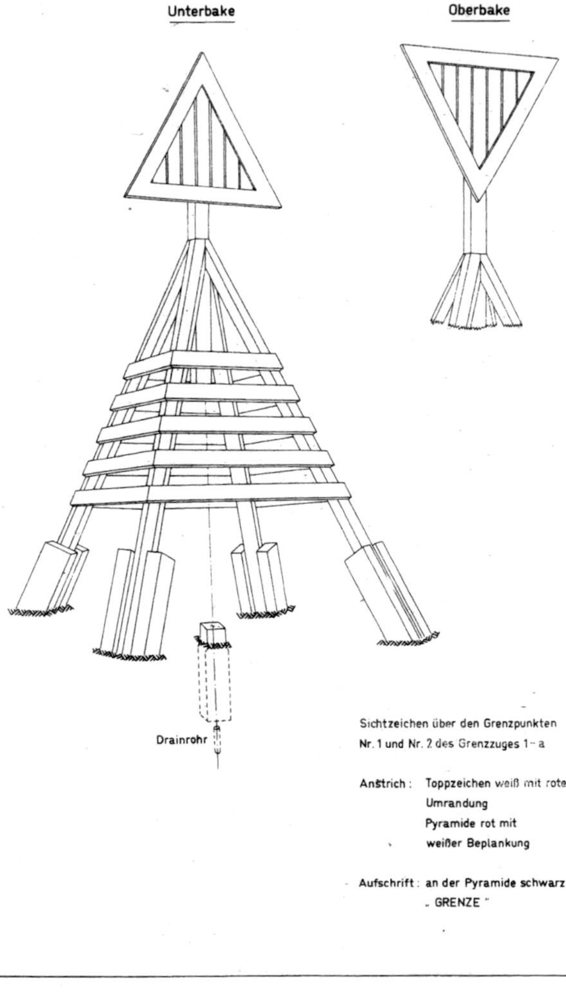

Unterbake

Oberbake

Drainrohr

Sichtzeichen über den Grenzpunkten
Nr. 1 und Nr. 2 des Grenzzuges 1–a

Anstrich: Toppzeichen weiß mit roter Umrandung
Pyramide rot mit weißer Beplankung

Aufschrift: an der Pyramide schwarz „GRENZE"

Anhang IV, Anlage 2

Blatt 8

Grenzboje

M 1: 20

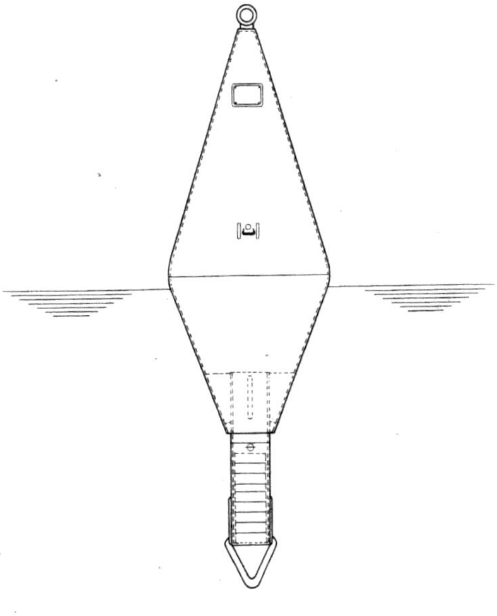

Anstrich: gelb

Aufschrift: schwarz zweimal „GRENZE",
Buchstabenhöhe 250 mm

Numerierung: durchlaufend, Ziffernhöhe 150 mm,
die Ziffern werden dreimal oberhalb
der Rundumschrift angebracht

Anhang IV, Anlage 2

Blatt 9

Grenzboje im Schwarzmühlenteich (Grenzzug 2-c)

M 1:10

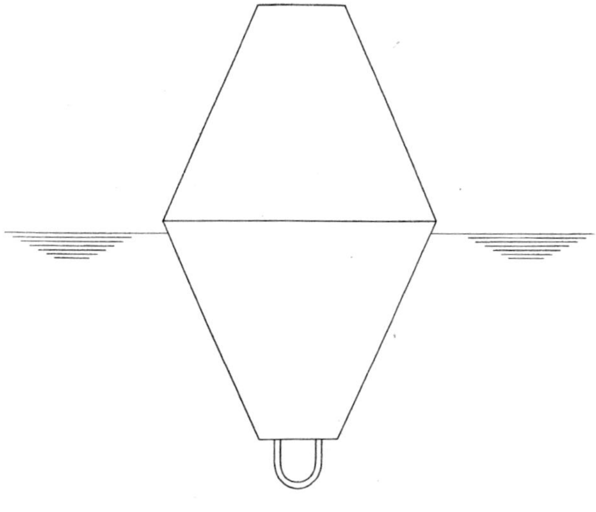

Anstrich: gelb

Aufschrift: schwarz zweimal „GRENZE“,
Buchstabenhöhe 150 mm

Herausgeber: Sekretariat des Ministerrates der Deutschen Demokratischen Republik, 102 Berlin, Klosterstraße 47 – Redaktion: 102 Berlin, Klosterstraße 47, Telefon: 233 36 22 – Veröffentlicht unter Lizenz-Nr. 751 – Verlag: (610/62) Staatsverlag der Deutschen Demokratischen Republik, 108 Berlin, Otto-Grotewohl-Straße 17, Telefon: 233 45 01 – Erscheint nach Bedarf – Fortlaufender Bezug nur durch die Post – Bezugspreis: Monatlich Teil I 0,80 M, Teil II 1,— M – Einzelabgabe bis zum Umfang von 8 Seiten 0,15 M, bis zum Umfang von 16 Seiten 0,25 M, bis zum Umfang von 32 Seiten 0,40 M, bis zum Umfang von 48 Seiten 0,55 M je Exemplar, je weitere 16 Seiten 0,15 M mehr.

Einzelbestellungen beim Zentral-Versand Erfurt, 501 Erfurt, Postschließfach 696. Außerdem besteht Kaufmöglichkeit nur bei Selbstabholung gegen Barzahlung (kein Versand) in der Buchhandlung für amtliche Dokumente, 108 Berlin, Neustädtische Kirchstraße 15, Telefon: 229 22 23

Artikel-Nr. (EDV) 505 206 Gesamtherstellung: Staatsdruckerei der Deutschen Demokratischen Republik (Rollenoffsetdruck) Index 31 818

Anlage 5

Bonn, den 29. März 1973

Protokollvermerk Nr. 1
der Grenzkommission

Sitzung am 28./29. März 1973

Erörterte Frage: Grundsätze für die Aufgaben und Arbeitsweise der Arbeitsgruppe Grenzmarkierung

Nach Erörterung der Standpunkte beider Seiten in der Grenzkommission und der Arbeitsgruppe Grenzmarkierung wurde über die als Anlage beigefügte Fassung der "Grundsätze für die Aufgaben und Arbeitsweise der Arbeitsgruppe Grenzmarkierung" (Fassung vom 28./29. März 1973) Übereinstimmung erzielt.

Für die Delegation der Bundesrepublik Deutschland	Für die Delegation der Deutschen Demokratischen Republik
Herr Dr. Schierbaum i.V.	Herr Klopes

Anlage 6 AGGM

28./29.März 1973

Anlage 3

Grundsätze für die Aufgaben und Arbeiten der Arbeitsgruppe Grenzmarkierung

I. Grundsätze und Grundlagen

1. Grundsätze

(1) Die Arbeitsgruppe Grenzmarkierung ist ein Organ der Grenzkommission. Sie hat ihre Arbeit so zu gestalten, daß die im Vertrag über die Grundlagen der Beziehungen zwischen der Bundesrepublik Deutschland und der Deutschen Demokratischen Republik mit den betreffenden Anlagen gestellte Aufgabe zur Überprüfung, Markierung und Dokumentation der zwischen der Bundesrepublik Deutschland und der Deutschen Demokratischen Republik bestehenden Grenze in möglichst kurzer Zeit erfüllt wird.

(2) Soweit sich der Verlauf der Grenze zwischen den beiden Staaten (nachfolgend Grenze genannt) nach den diesbezüglich Festlegungen des Londoner Protokolls vom 12. September 1944 bestimmt, ist ihr Verlauf und die Markierung an Ort und Stelle zu überprüfen. Vorhandene Grenzzeichen werden im beiderseitigen Einvernehmen nach Feststellung des richtigen Standortes beibehalten. Abmarkungsmängel sind im erforderlichen Umfang zu beheben, d.h. schief stehende Grenzzeichen aufzurichten, zu tief stehende Grenzzeichen zu heben, beschädigte Grenzzeichen in Stand zu setzen oder zu erneuern, verlorengegangene Grenzzeichen wiederherzustellen, die Markierung, soweit erforderlich, zu ergänzen, zu vermessen und zu dokumentieren.

(3) Soweit örtlich die Grenze von den Festlegungen des Londoner Protokolls aufgrund späterer Vereinbarungen der damaligen Besatzungsmächte abweicht, ist der nach den Vereinbarungen maßgebende Verlauf an Ort und Stelle festzustellen, zu markieren und, soweit erforderlich, zu vermessen und zu dokumentieren.

(4) Markierung
Die Markierung erfolgt grundsätzlich zentrisch auf definierten Grenzpunkten. Dabei werden richtig vorgefundene (noch brauchbare) Grenzzeichen beibehalten. Indirekte Vermarkungen werden vereinbart. Der Abstand der gemäß (3) vermarkten Grenzpunkte soll 300 m nicht überschreiten. Soweit die Grenze in oder an Gewässern verläuft bzw. die Grenze durch Wasserläufe, durch bewachsene Erdwälle oder ähnliches gebildet wird und örtlich zweifelsfrei erkennbar ist und bleibt, kann von einer zusätzlichen Markierung im gegenseitigen Einvernehmen abgesehen werden.

(Die Hinweisschilder auf dem Gebiet der Bundesrepublik Deutschland sowie die auf dem Territorium der Deutschen Demokratischen Republik aufgestellten Betonpfähle und -säulen stellen keine Markierung der Grenze dar. Sie stehen nicht auf Grenzbrechpunkten, sondern in unmittelbarer Nähe der Grenze).

(5) Dokumentation
Die Dokumentation hat den praktischen Erfordernissen zur eindeutigen Feststellung des Grenzverlaufes zu entsprechen.

Vorhandene Dokumentationen, die dem Erfordernis zur eindeutigen Wiederherstellung jedes Grenzpunktes entsprechen, werden in beiderseitigem Einvernehmen als Dokumentation der Grenze anerkannt.

Soweit die vorhandenen Dokumentationen einer Ergänzung bedürfen oder bisher Dokumentationen fehlen, wird eine besondere Abmachung über Art und Umfang der insoweit neu zu erstellenden Dokumentation getroffen.

2. Grundlagen für die Überprüfung und Markierung der Grenze
(2) Festlegungen im Protokoll des Abkommens zwischen den Regierungen der Vereinigten Staaten, des Vereinigten

- 3 -

Königreiches und der Union der Sozialistischen Sowjetrepubliken über die Besatzungszonen in Deutschland und die Verwaltung von "Groß-Berlin" vom 12. September 1944 - Londoner Protokoll, Ziffer 2.

(2) Spätere Vereinbarungen der damaligen Besatzungsmächte über örtliche Abweichungen der Grenze von den Festlegungen des Londoner Protokolls.

(3) Dokumente über den Verlauf der damaligen Grenzen zwischen Gebietskörperschaften (Länder, Provinzen, Regierungsbezirke, Kreise, Städte und Gemeinden).

(4) Dokumente über den Verlauf von Katastergrenzen (Gemarkungs- und Flurgrenzen sowie Flurstücksgrenzen)

(5) Dokumente zur Bestimmung von Grenzpunkten der Flurstücke.

II. Aufgaben der Arbeitsgruppe

1. Die Arbeitsgruppe Grenzmarkierung (AG) erfüllt die von der Grenzkommission gestellten Aufgaben gemäß den von der Grenzkommission vereinbarten Grundsätzen und den von ihr getroffenen Regelungen.
Der Leiter der Delegation jeder Seite ist ein Mitglied der Grenzkommission.

2. Die AG vereinbart:

(1) Die Regelungen über Verfahrensfragen der Überprüfung, Markierung und Dokumentation des Verlaufs der Grenze zwischen der Deutschen Demokratischen Republik und der Bundesrepublik Deutschland.

(2) Form und Gestaltung neu zu setzender oder anzubringender Grenzzeichen (vgl. Anlagen 1 und 2).

(3) Art und Umfang der erforderlichen Dokumentation gemäß Abschnitt I Ziffer 1.(5).

3. Die AG klärt die Standpunkte beider Seiten über neu zu markierende Teilabschnitte der Grenze ab.

4. Die AG vereinbart den terminlichen Ablauf der in den Arbeitsabschnitten durchzuführenden Arbeiten und legt das örtliche Zusammenwirken fest.

5. Die AG legt die erforderlichen Dokumentationen über die erfolgte Markierung und Vermessung des Verlaufs der Grenze abschnittsweise sowie die Gesamtdokumentation der Grenzkommission in zwei Ausfertigungen zur Bestätigung vor.

III. Arbeitsweise der Arbeitsgruppe

1. Die AG tagt abwechselnd in vereinbarten Orten beiderseits der Grenze.

2. Die Verhandlungstermine werden unter Berücksichtigung der Termine der Grenzkommission durch die Leiter beider Seiten auf dem festgelegten Weg vereinbart.

3. Die Arbeit der Arbeitsgruppe ist vertraulich. Veröffentlichungen bedürfen der Zustimmung der Grenzkommission.

4. Nach Vereinbarung können weitere Kräfte beider Seiten hinzugezogen werden.

5. Alle Vermessungsarbeiten erfolgen grundsätzlich vom eigenen Territorium aus. Wird bei der Durchführung der praktischen Arbeiten ein Betreten des Territoriums der anderen Seite zur Erfüllung der durch die Arbeitsgruppe vereinbarten Aufgaben erforderlich, geschieht das in Anwesenheit und mit Zustimmung des Vertreters der Seite (Mitglied der Arbeitsgruppe oder Meßtruppführer), deren Territorium betreten werden soll.

6. Wenn eine Seite Einwände gegen die Verwendung vorhandener, für die Feststellung des Grenzverlaufs dienender Messungslinien erhebt (schwer zugängliches Gelände, große Abstände von der Grenze), sind nach Möglichkeit aus den vorhandenen Liegenschafts- und Katastervermessungsunterlagen entsprechende Messungszahlen rechnerisch oder graphisch abzuleiten.

7. Die Leiter der AG berichten entsprechend der Tagesordnung der Grenzkommission über die Ergebnisse der Arbeit. Sie vereinbaren die Tagesordnung der Verhandlungen der AG.

Anlage 7 (Auszug)

Ratzeburg, den 13. September 1973

Protokollvermerk Nr. 1 a
der Grenzkommission

Sitzung am 12./13. September 1973 in Ratzeburg

Erörterte Frage: Grundsätze zur Überprüfung und Markierung des Verlaufs der Grenze zwischen der Deutschen Demokratischen Republik und der Bundesrepublik Deutschland an und in Grenzgewässern.

7. Sitzung der Grenzkommission

Die Grenzkommission hat sich über die als Anlage beigefügten "Grundsätze zur Überprüfung und Markierung des Verlaufs der Grenze zwischen der Deutschen Demokratischen Republik und der Bundesrepublik Deutschland an und in Grenzgewässern" geeinigt.

Nach Herbeiführung einer Übereinstimmung über die Überprüfung und Markierung des Verlaufs der Grenze an und in fließenden, schiffbaren Grenzgewässern wird eine entsprechende Ergänzung dieser Grundsätze vorgenommen werden.

Sie sind den "Grundsätzen für die Aufgaben und Arbeiten der Arbeitsgruppe Grenzmarkierung " beizufügen.

Für die Delegation der Deutschen Demokratischen Republik	Für die Delegation der Bundesrepublik Deutschland
gez. Klobes	gez. Dr. Pagel
(Klobes)	(Dr. Pagel)

Anlage zum Protokollvermerk Nr. 1 a
der Grenzkommission

G r u n d s ä t z e

zur Überprüfung und Markierung des Verlaufs der Grenze zwischen der Bundesrepublik Deutschland und der Deutschen Demokratischen Republik an und in Grenzgewässern.

(Zur Präzisierung der vereinbarten Grundsätze für die Aufgaben und Arbeiten der Arbeitsgruppe Grenzmarkierung, vgl. Protokollvermerk Nr. 1 der Grenzkommission.)

- - - - -

Im Hinblick auf den Grenzverlauf zwischen der Bundesrepublik Deutschland und der Deutschen Demokratischen Republik an und in Grenzgewässern ist, soweit nicht andere Regelungen getroffen wurden oder werden, von Folgendem auszugehen:

1. Grenzverlauf an und in stehenden Grenzgewässern

   Der Grenzverlauf bestimmt sich nach den diesbezüglichen Festlegungen des Londoner Protokolls vom 12.9.1944 und späteren Vereinbarungen der damaligen Besatzungsmächte. Die Grenze ist als feste Grenze anzusehen. Der Verlauf der Grenze an und in stehenden Grenzgewässern wird in der Regel direkt oder indirekt vermarkt, ggf. nach Vereinbarung durch geeignete Hilfsgrenzzeichen.

2. Grenzverlauf an und in fließenden, nicht schiffbaren Grenzgewässern

   Der Grenzverlauf bestimmt sich nach den in Ziff. 1 Satz 1 genannten Grundlagen. Die Grenze folgt entweder der Uferlinie oder verläuft im Gewässer.

- 2 -

...

Anlage 8 Bulletin vom 1.12.1978

Dokumente über die Arbeit der Grenzkommission

Unterzeichnung am 29. November 1978 in Bonn

Das Bundesministerium des Innern und das Bundesministerium für innerdeutsche Beziehungen teilen mit:

I.

Am 29. November 1978 sind in Bonn durch die Leiter der beiden Delegationen der Grenzkommission aus Beauftragten der Bundesrepublik Deutschland und der Deutschen Demokratischen Republik – für die Bundesrepublik Deutschland Ministerialdirigent Dr. Günther Pagel aus dem Bundesministerium des Innern, für die DDR Botschafter Karl Kormes aus dem Ministerium für Auswärtige Angelegenheiten – zwei wichtige Dokumente unterzeichnet worden. Es handelt sich um

- das „Protokoll zwischen der Regierung der Bundesrepublik Deutschland und der Regierung der Deutschen Demokratischen Republik über die Überprüfung, Erneuerung und Ergänzung der Markierung der zwischen der Bundesrepublik Deutschland und der Deutschen Demokratischen Republik bestehenden Grenze, die Grenzdokumentation und die Regelung sonstiger mit dem Grenzverlauf im Zusammenhang stehender Probleme" und um
- die „Vereinbarung zwischen der Regierung der Bundesrepublik Deutschland und der Regierung der Deutschen Demokratischen Republik über die Regelung von Fragen, die mit der Errichtung und dem Betrieb eines Hochwasserrückhaltebeckens an der Itz zusammenhängen".

Die Texte sind in einer Dokumentation des Bundesministeriums für innerdeutsche Beziehungen veröffentlicht worden.

Die Regierungsvereinbarung über die Regelung von Fragen, die mit der Errichtung und dem Betrieb eines Hochwasserrückhaltebeckens an der Itz zusammenhängen (im folgenden Regierungsvereinbarung zum Hochwasserrückhaltebecken an der Itz genannt), ist die sechste Regierungsvereinbarung, mit der dringliche praktische Probleme an der Grenze gelöst werden konnten. Das Regierungsprotokoll (im folgenden Regierungsprotokoll genannt) gibt einen Zwischenbericht über die gesamten bisherigen Arbeiten der Grenzkommission und präzisiert deren Aufgaben für die Zukunft. Damit ist eine gewisse Zäsur in der Arbeit dieser Kommission erreicht.

Diese Tatsache gibt Veranlassung, nicht nur über den Inhalt der unterschriebenen Dokumente zu berichten, sondern eine Zwischenbilanz der fast sechsjährigen Tätigkeit der Grenzkommission zu ziehen.

II.

Die Aufgaben der Grenzkommission sind in Ziffer I des Zusatzprotokolls zu Artikel 3 des Grundlagenvertrages vom 21. Dezember 1972 festgelegt. Danach hat die Grenzkommission den Auftrag erhalten, die Markierung der zwischen den beiden Staaten bestehenden Grenze zu überprüfen und, soweit erforderlich, zu erneuern oder zu ergänzen sowie die erforderlichen Dokumentationen über den Grenzverlauf zu erarbeiten. Gleichermaßen soll sie zur Regelung sonstiger mit dem Grenzverlauf im Zusammenhang stehender Probleme, zum Beispiel der Wasserwirtschaft, der Energieversorgung und der Schadensbekämpfung, beitra-

Inhalt

gen. In der Erklärung zu Protokoll über die Aufgaben der Grenzkommission ist außerdem klargestellt, daß sich der Verlauf der Grenze nach den diesbezüglichen Festlegungen des Londoner Protokolls vom 12. September 1944 bestimmt. Der Wortlaut der Texte ist im BGBl. 1973 Teil II S. 241 ff. und im BULLETIN Nr. 155 vom 8. November 1972, S. 1843 f. abgedruckt.

III.

Die Grenzkommission hat am 31. Januar 1973 ihre Tätigkeit aufgenommen. Sie hat seither 45 meist zweitägige Sitzungen durchgeführt. Die Sitzungen fanden grundsätzlich abwechselnd auf dieser oder der anderen Seite der Grenze, in der Regel in grenznahen Städten, statt. Die Sitzungen der Grenzkommission wurden vielfach durch Unterkommissionen vorbereitet. Besonders zu erwähnen ist die Arbeitsgruppe Grenzmarkierung, die sich mit der Markierungsaufgabe, ausgenommen die Grenzabschnitte an der Elbe und der Lübecker Bucht, befaßte. Sie hielt von 1973 bis 1976 insgesamt 26 Sitzungen ab.

Zu den Mitgliedern der Delegation der Bundesrepublik Deutschland in der Grenzkommission gehörten neben den Vertretern des Bundes von Anfang an die Vertreter der Länder Schleswig-Holstein, Niedersachsen, Hessen und Bayern. Die Zusammenarbeit zwischen Bund und Ländern hat sich dabei besonders bewährt. Neben den Mitgliedern der Kommission wurden oft zusätzlich Fachleute für die jeweils anstehenden Einzelfragen hinzugezogen. Hervorzuheben ist die Mitarbeit von Angehörigen der Kataster- und Vermessungsverwaltungen und der Wasserwirtschaftsverwaltungen der Länder.

IV.

Die Grenzkommission hat entsprechend ihrem Auftrag erhebliche Fortschritte erzielen können:

1.

Der Verlauf der Grenze ist in zahlreichen Sitzungen, Grenzbesprechungen und Ortsbesichtigungen, an denen jeweils Vertreter beider Seiten beteiligt waren, auf einer Länge von 1 297 km einvernehmlich festgestellt worden. Der Grenzverlauf wurde überprüft und vermessen; die Vermarkung durch historische Grenzsteine wurde ergänzt.

Grundlage der Grenzfeststellung waren die Festlegungen des Londoner Protokolls vom 12. September 1944, das seinerseits auf die alten Grenzen der deutschen Länder oder der preußischen Provinzen verweist, und die späteren Vereinbarungen der damaligen Besatzungsmächte. Demgemäß hat die Grenzkommission keine „konstitutive" Grenzregelung getroffen. Ihre Aufgabe bestand vielmehr darin, den genauen Verlauf der Grenze nach den Vereinbarungen der Besatzungsmächte festzustellen.

Die Feststellungen der Kommission sind in der sog. Grenzdokumentation im einzelnen festgehalten. Diese Dokumentation besteht aus den Grenzkarten, den Grenzbeschreibungen und den zugrundeliegenden Grenzvermessungsunterlagen. Keine Übereinstimmung konnte über den Grenzverlauf im Elbe-Abschnitt auf einer Länge von rd. 95 km sowie über die Lösung der dort bestehenden praktischen Probleme (insbesondere Sportbootverkehr und Fischfang) und im Grenzabschnitt des Harzbaches Warme Bode auf einer Länge von rd. 1,2 km erzielt werden.

2.

Von nicht geringerer Bedeutung als die Markierungsaufgabe war die Regelung „sonstiger mit dem Grenzverlauf im Zusammenhang stehender Probleme". Hier galt es, dringliche praktische Probleme zum Nutzen vor allem der Bewohner an der Grenze zu lösen. Hervorzuheben sind in diesem Zusammenhang Fragen der Wasserversorgung, der Instandhaltung und des Ausbaus der Grenzgewässer, der Schadensbekämpfung an der Grenze – z. B. zum Schutz vor Naturkatastrophen – sowie der Sportschiffahrt und des Fischfangs in Grenzgewässern.

Die Kommission hat zur Regelung dieser Fragen sechs Regierungsvereinbarungen und mehr als zwanzig Protokollvermerke erarbeitet. Von besonderer Bedeutung sind die Grundsätze zur Schadensbekämpfung an der Grenze und die Grundsätze zur Instandhaltung und zum Ausbau der Grenzgewässer vom 20. September 1973 (BGBl. 1974 II S. 1237 ff.).

Durch diese Vereinbarungen wird an Ort und Stelle ein ständiger Kontakt mit der DDR sichergestellt, z. T. unmittelbar zwischen den Fachverwaltungen. In Durchführung der Grundsätze zur Schadensbekämpfung wurden an vierzehn Grenzübergangsstellen Telefonstandleitungen eingerichtet, über die dringliche Informationen weitergegeben werden können. Außer den täglichen Anrufen zur technischen Kontrolle der Leitungen wurden bisher von beiden Seiten jeweils über 320 Meldungen übermittelt.

Auf der Grundlage der Grundsätze zur Instandhaltung und zum Ausbau der Grenzgewässer wird in der Grenzkommission jährlich ein Programm aufgestellt, in dem die erforderlichen Maßnahmen an den Grenzgewässern vereinbart werden. Bisher wurden über 520 Einzelmaßnahmen durchgeführt. Über den Inhalt der beiden Vereinbarungen ist bereits früher berichtet worden (BULLETIN Nr. 115 vom 21. September 1973, S. 1146 ff.).

Mit der Regierungsvereinbarung vom 29. Juni 1974 über den Fischfang in einem Teil der DDR-Gewässer in der Lübecker Bucht wurde sichergestellt, daß die Lübecker Stadtfischer den Fischfang auch in den Gewässern der DDR ausüben können, wie es dieser alten Korporation in Privilegien aus den Jahren 1188 (Kaiser Friedrich I. – Barbarossa –) und 1226 (Kaiser Friedrich II.) zugesichert worden ist (vgl. im einzelnen BULLETIN Nr. 81 vom 3. Juli 1974, S. 809 ff.).

Auf dem Gebiet der Wasserversorgung sind zu nennen die Regierungsvereinbarungen vom 3. Februar 1976 über die Instandhaltung der auf dem Territorium der Deutschen Demokratischen Republik gelegenen Teile der Trinkwasserversorgungsanlagen der Stadt Duderstadt, der Protokollvermerk vom 3. Februar 1976 über Betrieb, Kontrolle und Instandhaltung der auf dem Territorium der Deutschen Demokratischen Republik gelegenen Teile der Trinkwasserversorgungsanlage der Gemeinde Heringen, Ortsteil Kleinensee, und die Regierungsvereinbarung vom 3. Mai 1978 über die Regelung von Fragen betreffend die Eckertalsperre und die Eckerfernwasserleitung. Mit diesen Vereinbarungen wurde die Versorgung aus Wasservorkommen in der DDR auf eine langfristige, rechtlich gesicherte Grundlage gestellt.

Durch die Regierungsvereinbarung zum Hochwasserrückhaltebecken an der Itz, die als letzte Vereinbarung unterzeichnet worden ist, soll der Hochwasserschutz im Raum Coburg verbessert werden. Die DDR gestattet mit dieser Vereinbarung die Benutzung und den Betrieb eines geplanten Hochwasserrückhaltebekkens. Sie errichtet in unserem Interesse Wasserstandspegel und nimmt erforderliche Anpassungsmaßnahmen vor. DDR-Gebiet kann bei extremem Hochwasser mit bis zu ca. 23 ha betroffen sein. Mit dem Bau soll voraussichtlich im Jahre 1980 begonnen werden.

Von den sechs Regierungsvereinbarungen und den über zwanzig Protokollvermerken der Grenzkommission zur Regelung sonstiger mit dem Grenzverlauf im Zusammenhang stehender Probleme enthalten die folgenden vier Vereinbarungen die aufgeführten Zahlungsverpflichtungen gegenüber der DDR:

	Einmalige Zahlungen	Lfd. jährliche Zahlungen
1. Regierungsvereinbarung vom 3. Februar 1976 über den Betrieb, die Kontrolle und die Instandhaltung der auf dem Territorium der Deutschen Demokratischen Republik gelegenen Teile der Trinkwasserversorgungsanlagen der Stadt Duderstadt	—	4 200 DM
2. Protokollvermerk vom 3. Februar 1976 über den Betrieb, die Kontrolle und die Instandhaltung der auf dem Territorium der Deutschen Demokratischen Republik gelegenen Teile der Trinkwasserversorgungsanlage der Gemeinde Heringen, Ortsteil Kleinensee	3 550 DM	650 DM
3. Regierungsvereinbarung vom 3. Mai 1978 über die Regelung von Fragen betr. die Eckertalsperre und die Eckerfernwasserleitung	—	100 000 DM
4. Regierungsvereinbarung vom 29. November 1978 über die Regelung von Fragen, die mit der Errichtung und dem Betrieb eines Hochwasserrückhaltebeckens an der Itz bei Coburg zusammenhängen	750 000 DM	7 200 DM

Die Zahlungen haben durch interne Abmachung die jeweils Begünstigten übernommen.

V.

1.

Das Regierungsprotokoll faßt die in den vorstehenden Abschnitten dargestellten Ergebnisse der Arbeit der Grenzkommission zusammen. Dies gilt für die Markierungsarbeiten wie für die zur Lösung der praktischen Probleme getroffenen Vereinbarungen (Anhang I). Es wird festgestellt, daß die Arbeiten auf der Grundlage des Grundlagenvertrages und des Zusatzprotokolls und der Erklärung zu Protokoll über die Aufgaben der Grenzkommission durchgeführt worden sind (Art. 1) und auch künftig auf dieser Basis weitergeführt werden (Art. 4). Daneben enthält das Regierungsprotokoll Regelungen über die zukünftigen Arbeiten der Grenzkommission (Anhang IV). Außerdem werden zehn Regierungsvereinbarungen und Protokollvermerke, die bisher nur vorab angewendet worden sind, in Kraft gesetzt (Art. 3).

2.

Da zur Elbe-Frage eine Übereinstimmung nicht erzielt werden konnte, wird in einem besonderen Protokollvermerk (zu Art. 1) festgestellt, daß die Arbeiten noch nicht abgeschlossen sind und daß sie auf der Grundlage des Grundlagenvertrages und des Zusatzprotokolls sowie der Erklärung zu Protokoll über die Aufgaben der Grenzkommission fortgesetzt werden, wobei ein Termin für die Fortsetzung der Arbeiten nicht genannt wird. Beide Seiten erklären, daß sie bis zur Herbeiführung der Übereinstimmung den Umstand, daß die Arbeiten zu diesem Grenzabschnitt noch nicht abgeschlossen sind, zur Vermeidung von Schwierigkeiten bei allen Maßnahmen weiterhin berücksichtigen werden. Beide Seiten erklären ferner, daß die Auffassungen zur Rechtslage unberührt bleiben.

3.

Das Regierungsprotokoll ist keine autonome Grenzregelung, die das Verhältnis zwischen der Bundesrepublik Deutschland und der DDR, wie es im Grundlagenvertrag festgelegt worden ist, konstitutiv verändern könnte. Beide Seiten sind also nach wie vor allein an den Grundlagenvertrag und die dort in der Erklärung zu Protokoll über die Aufgabe der Grenzkommission genannten Vereinbarungen der früheren Besatzungsmächte über die Grenzen zwischen ihren Besatzungszonen gebunden.

Das Regierungsprotokoll macht diese Rechtslage an verschiedenen Stellen deutlich. Das Zusatzprotokoll, das den Auftrag an die Grenzkommission enthält, und die Erklärung zu Protokoll über die Aufgaben der Grenzkommission mit dem Verweis auf das Londoner Protokoll und spätere Vereinbarungen der Besatzungsmächte werden insgesamt fünfmal zitiert (Artikel 1 Abs. 3, Artikel 4 Abs. 1 des Hauptdokuments; Nrn. 1 und 2 des Protokollvermerks zum Elbe-Komplex; Nr. 1 des Berichts der Grenzkommission, Anhang I). In der Präambel des Regierungsprotokolls wird auf den Grundlagenvertrag als Ganzes Bezug genommen. Darüber hinaus werden einzelne Elemente, vor allem die in Artikel 3 des Grundlagenvertrages aufgeführten, ausdrücklich wiederholt.

Es ist daher festzuhalten: Das Regierungsprotokoll hat weder neue Grenzen gezogen, noch hat es die besatzungsrechtlich entstandenen Grenzen in ihrer Rechtsnatur geändert. Die Rechtslage der Grenzen ist unverändert die gleiche wie bei Abschluß des Grundlagenvertrages. Die Bundesregierung hatte bereits aus Anlaß der Sitzung der Arbeitsgruppe Grenzmarkierung vom 20. bis 22. Januar 1976 hierauf hingewiesen und insbesondere klargestellt, daß die Grenzkommission „in keinem Fall Grenzkorrekturen, Grenzänderungen, Gebietsabtretungen oder andere konstitutive Grenzvereinbarungen mit der DDR vorgenommen hat" (BULLETIN Nr. 9 vom 23. Januar 1976, S. 91/92).

VI.

Zusammenfassend ist festzustellen:

Die Grenzkommission kann die bekannten fundamentalen Probleme und Härten, die mit der Grenze zusammenhängen, nicht lösen. Dies ist nicht ihre Aufgabe und steht auch nicht in ihrer Macht. Sie trägt aber zur Lösung zahlreicher praktischer Fragen bei. Die getroffenen Regelungen haben den Bürgern an der Grenze ein größeres Maß an Sicherheit verschafft und ihre Situation insgesamt verbessert. Die Kommission hat damit nach ihren Kräften einen Beitrag zur Konfliktverminderung an der Grenze geleistet. Ihre Aufgabe wird es auch künftig sein, im Rahmen ihres Auftrages die Lage im Grenzbereich weiter zu verbessern.

Quelle: Bulletin des Presse- und Informationsamtes der Bundesregierung Nr. 142 Berlin 1. Dezember 1978 Seiten 1321 bis 1324 (Seite 1324 zusammengeschnitten).

Nr. 50/S. 484

Bulletin 22. Mai 1978

41. Sitzung der Grenzkommission

Das Presse- und Informationsamt der Bundesregierung teilt mit:

Die Grenzkommission aus Beauftragten der Regierungen der Bundesrepublik Deutschland und der DDR hat am 17./18. Mai 1978 in Gera ihre 41. Sitzung durchgeführt.

Die Grenzkommission setzte die Gespräche über die Gesamtdokumentation, mit der die bisherigen Arbeiten abgeschlossen und die künftigen Aufgaben präzisiert werden sollen, fort.

Der Protokollvermerk über das Überfahren der Grenze durch Sportboote und andere Wasserfahrzeuge in Abschnitten der Grenzgewässer Werra und Saale wurde gezeichnet. Wassersportler können nunmehr wieder die Saale bei Hof benutzen, was seit Kriegsende nicht möglich war. Auf Saale (20 km Länge) und Werra (9 km Länge) kann auch die DDR-Hälfte befahren werden, wenn es die Gewässerverhältnisse unumgänglich machen.

Die Grenzkommission behandelte ferner Fragen der Schadensbekämpfung und der Instandhaltung von Grenzgewässern, darunter Maßnahmen zum Hochwasserschutz an den Flüßchen Aland bei Schnackenburg und Itz bei Coburg. Dabei wurden Fortschritte erzielt.

Die nächste Sitzung der Grenzkommission findet am 20./21. Juni 1978 in Rothenburg (Fulda) statt.

42. Sitzung der Grenzkommission

Das Presse- und Informationsamt der Bundesregierung teilt mit:

Die Grenzkommission aus Beauftragten der Regierungen der Bundesrepublik Deutschland und der DDR hat am 20./21. Juni 1978 in Rothenburg an der Fulda ihre 42. Sitzung durchgeführt.

Bei den Verhandlungen über eine Gesamtdokumentation, mit der die bisherigen Arbeiten abgeschlossen und die künftige Tätigkeit der Grenzkommission abgesteckt werden sollen, wurden deutliche Fortschritte erzielt. Die DDR-Delegation hat erklärt, die Tatsache, daß eine Einigung über die Feststellung des Grenzverlaufs im Elbe-Abschnitt noch nicht erreicht werden konnte, werde den Abschluß einer Gesamtdokumentation nicht hindern. Damit können die Gespräche über diese Gesamtdokumentation in ihre Schlußphase eintreten.

Die Grenzkommission behandelte ferner die Frage der Errichtung eines Hochwasserrückhaltebeckens im Landkreis Coburg, laufende Fragen wasserwirtschaftlicher Maßnahmen und der Schadensbekämpfung.

Die nächste Sitzung der Grenzkommission nach der Sommerpause ist für den 13./14. September in der DDR vorgesehen.

S. 645

Nr. 103/S. 956

Bulletin 21. September 1978

43. Sitzung der Grenzkommission

Das Presse- und Informationsamt der Bundesregierung teilt mit:

Die Grenzkommission aus Beauftragten der Regierungen der Bundesrepublik Deutschland und der DDR hat am 13. und 14. September 1978 in Dresden ihre 43. Sitzung durchgeführt.

Über den Text der Gesamtdokumentation, mit der die bisherigen Arbeiten abgeschlossen und die künftigen Tätigkeiten der Grenzkommission abgesteckt werden soll, wurde weitgehendes Einvernehmen erzielt.

Die Grenzkommission erzielte außerdem Einvernehmen über den Entwurf einer Regierungsvereinbarung, mit der die Voraussetzungen für den Bau eines Rückhaltebeckens im Grenzbereich an der Itz zum Schutz der Stadt Coburg vor Hochwasser geschaffen werden soll.

Die Grenzkommission behandelte ferner Fragen der Schadensbekämpfung und der Instandhaltung von Grenzgewässern. Sie legte dabei Einzelheiten über den Betrieb von 15 wasserwirtschaftlichen Anlagen fest.

Die nächste Sitzung der Grenzkommission ist für den 25. und 26. Oktober 1978 in Hildesheim vorgesehen.

44. Sitzung der Grenzkommission

Das Presse- und Informationsamt der Bundesregierung teilt mit:

Die Grenzkommission aus Beauftragten der Regierungen der Bundesrepublik Deutschland und der DDR hat am 25. und 26. Oktober 1978 in Hildesheim ihre 44. Sitzung durchgeführt. Die Grenzkommission erzielte Einvernehmen, den Regierungen über den Stand ihrer bisherigen Arbeiten zu berichten und den Regierungen vorzuschlagen, ein Protokoll über die Überprüfung, Erneuerung und Ergänzung der Markierung der zwischen der Bundesrepublik Deutschland und der Deutschen Demokratischen Republik bestehenden Grenze, die Grenzdokumentation und die Regelung sonstiger mit dem Grenzverlauf im Zusammenhang stehender Probleme zu unterzeichnen.

Die Grenzkommission einigte sich ferner darüber, den Regierungen vorzuschlagen, eine Vereinbarung über die Regelung von Fragen, die mit der Errichtung und dem Betrieb eines Hochwasser-Rückhaltebeckens an der Itz bei Coburg zusammenhängen, abzuschließen.

Die Grenzkommission behandelte ferner Maßnahmen zur Instandhaltung von Grenzgewässern im Jahre 1979 und Fragen der Schadensbekämpfung.

Die nächste Sitzung der Grenzkommission ist für Ende November/Anfang Dezember 1978 in Bonn vorgesehen.

Nr. 123/S. 1151

Weitere Titel des Autoren, alle bei Books on Demand Norderstedt, erschienen:

Glaube und Kirche im Sozialismus. Die Trennung von Kirche und Staat. Ein Abriss

ISBN 978-3-8448-9578-0

Die Grenze um Westberlin 1945-1990. Eine staatsrechtliche Studie

ISBN 978-3-7322-7322-0770-1

Die Staatsgrenze zwischen beiden deutschen Staaten. Eine Studie

ISBN 978-3-7322-2687-0

Befohlene Entnazifizierung oder „verordneter" Antifaschismus in Deutschland 1945 bis 1948? Eine Quellenedition

ISBN 978-3-7357-2694-0

Auch als E- Book erschienen. Im Buchhandel erhältlich.